W9-CTL-228

MORDUS DE HOCKEY

Catalogage avant publication de Bibliothèque et Archives Canada

Mugford, Simon
(Hockey crazy. Français)
Mordus de hockey / Simon Mugford ; texte français du Groupe Syntagme.

Traduction de: Hockey crazy.
ISBN 978-1-4431-5799-5 (couverture souple)

1. Hockey--Ouvrages pour la jeunesse. I. Titre. II. Titre: Hockey crazy.
Français.

GV847.25.M8414 2018   j796.962   C2018-900877-6

Copyright © Carlton Books Limited, 2018, pour le texte,
la conception graphique et les illustrations.
Copyright © Éditions Scholastic, 2018, pour le texte français.
Tous droits réservés.

Il est interdit de reproduire, d'enregistrer ou de diffuser, en tout ou en partie, le
présent ouvrage par quelque procédé que ce soit, électronique, mécanique,
photographique, sonore, magnétique ou autre, sans avoir au préalable
l'autorisation écrite de l'éditeur. Pour la photocopie ou autre moyen de
reprographie, on doit obtenir un permis auprès d'Access Copyright, Canadian
Copyright Licensing Agency, 56, rue Wellesley Ouest, bureau 320, Toronto
(Ontario) M5S 2S3 (téléphone : 1-800-893-5777).

Édition publiée par les Éditions Scholastic, 604, rue King Ouest, Toronto (Ontario)
M5V 1E1 Canada.

5 4 3 2 1   Imprimé en Chine 127   18 19 20 21 22

MORDUS DE HOCKEY

SIMON MUGFORD
TEXTE FRANÇAIS
DU GROUPE
SYNTAGME

SCHOLASTIC

TABLE DES MATIÈRES

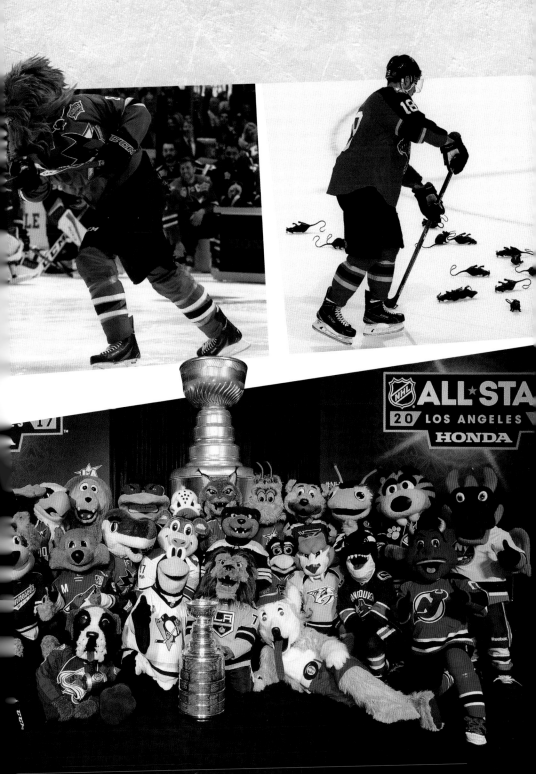

TOUT UN UNIFORME!

Les amateurs de hockey sont passionnés par ce sport, et ils sont prêts à tout pour prouver leur ferveur. Certains d'entre eux se contentent de porter le chandail de leur équipe favorite, mais d'autres fanatiques dépassent carrément les bornes… On a tout vu dans les gradins : des partisans costumés en animaux (manteau de fourrure et maquillage compris), ou même un admirateur revêtu d'une combinaison complète d'astronaute! Mais ce n'est pas tout : les fans d'un joueur ou d'un entraîneur en particulier vont même jusqu'à se déguiser en leur idole préférée!

Des vertes et des pas mûres

Il n'y a pas de partisans plus résolus que ceux qu'on appelle « les hommes verts ». Depuis 2009, ces deux partisans loufoques des Canucks de Vancouver assistent aux matchs vêtus d'une combinaison en élasthanne vert vif. On les repère facilement dans la foule! Les membres du duo, Force et Sully, s'installent toujours près du banc des pénalités de l'équipe adverse et font les bouffons chaque fois qu'un joueur écope d'une pénalité. Ils se tiennent en équilibre sur les mains, font semblant de jouer au golf ou lancent des gaufres surgelées dans les airs.

Brad Staubitz, des Canadiens de Montréal, doit supporter les pitreries de Force et Sully alors qu'il est confiné au banc des pénalités du Rogers Arena, en mars 2012.

Masque de hockey... ou d'horreur?

Les masques de hockey servaient au départ à éviter des blessures aux gardiens de but. Mais ils ont acquis une tout autre réputation dans les années 1980. En effet, le méchant des films d'horreur de la série *Vendredi 13*, Jason Voorhees, en portait un... Le masque protecteur est donc rapidement devenu un masque macabre. Aujourd'hui, heureusement, les gardiens de but n'arborent plus cette allure sinistre.

Ces deux jeunes partisans des Maple Leafs de Toronto ont ajouté une touche excentrique à leur masque de hockey pour assister au match de leur équipe.

L'HALLOWEEN AU HOCKEY

Tout le monde aime se costumer pour l'Halloween, et les fans de hockey ne font pas exception à la règle. Les amateurs de ce sport de contact ne manquent pas d'idées quand vient le temps de choisir des déguisements gothiques. On ne sait pas trop d'où ni de qui vient cette idée, mais, au mois d'octobre, de nombreux partisans sont affublés d'une rondelle de hockey qui semble enfoncée dans leur crâne. Trop effrayant à ton goût? Que penses-tu des partisans accoutrés comme Don Cherry ou déguisés en Coupe Stanley?

DES AFFRONTEMENTS HISTORIQUES

On se rappelle toujours les faits saillants d'un match : un but prodigieux, une décision controversée de l'arbitre ou encore un tir de pénalité impressionnant. Mais certains matchs laissent davantage de souvenirs que d'autres. Lors d'un événement international important comme les Jeux olympiques ou l'ultime rencontre entre deux redoutables rivaux, les enjeux sont particulièrement élevés. Ajoute à cela un renversement stupéfiant ou une remontée spectaculaire, et tu obtiens un affrontement historique.

Les joueurs d'Équipe Canada célèbrent leur victoire fracassante de 1972, à Moscou. Le héros du jour, Paul Henderson, marqueur du but gagnant, porte le numéro 19, à droite.

TOUTE UNE SÉRIE!

En 1972, la Série du siècle opposait les deux plus grandes puissances de hockey au monde, l'Union soviétique et le Canada, lors d'une série de huit matchs. À domicile, le Canada a inscrit une seule victoire, une nulle et deux défaites. L'équipe était résolue à offrir une meilleure performance à Moscou, où se jouaient les quatre derniers matchs. L'ailier Paul Henderson s'est révélé le meilleur joueur du Canada dans cette série. Il a marqué le but gagnant lors des sixième et septième matchs. Le Canada tout entier était rivé devant le téléviseur pour la dernière partie. Il ne restait qu'une minute à jouer, et c'était l'égalité, 5 à 5. Paul a convaincu son entraîneur de l'envoyer sur la glace. Il a marqué un but sur un retour à seulement 34 secondes de la fin, et une légende canadienne était née!

Non, Nagano, non

En 1998, les Jeux olympiques d'hiver de Nagano, au Japon, accueillaient pour la première fois des joueurs professionnels de la Ligue nationale de hockey (LNH). Auparavant, seuls les joueurs amateurs étaient invités. On aurait pu s'attendre à ce que les États-Unis et le Canada dominent, n'est-ce pas? Eh bien, ce n'est pas tout à fait ce qui s'est produit... La République tchèque a éliminé les États-Unis en quart de finale, pour ensuite faire face au Canada en demi-finale. À la fin du match, comme c'était l'égalité, on est passé en tirs de barrage, et c'est finalement la République tchèque qui l'a emporté; Wayne Gretzky en a même pleuré, sur le banc.

MIRACLE SUR GLACE

Lors des Jeux olympiques d'hiver de 1980, à Lake Placid (New York), l'Union soviétique et les États-Unis s'affrontaient pour l'obtention d'une médaille. À cette époque, l'équipe soviétique dominait le monde du hockey puisqu'elle avait décroché toutes les médailles d'or olympiques depuis 1964. L'équipe semblait presque invincible face aux Américains, des collégiens âgés de 22 ans en moyenne. À 20 minutes de la fin du match, les Soviétiques menaient 3 à 2. Mais, en à peine deux minutes, les Américains ont marqué deux fois et ont maintenu leur avance pour l'emporter 4 à 3. C'est l'un des renversements les plus improbables de l'histoire du hockey, surnomé le « miracle sur glace ».

Les joueurs de l'équipe américaine célèbrent leur incroyable victoire sur l'Union soviétique aux Jeux olympiques de 1980.

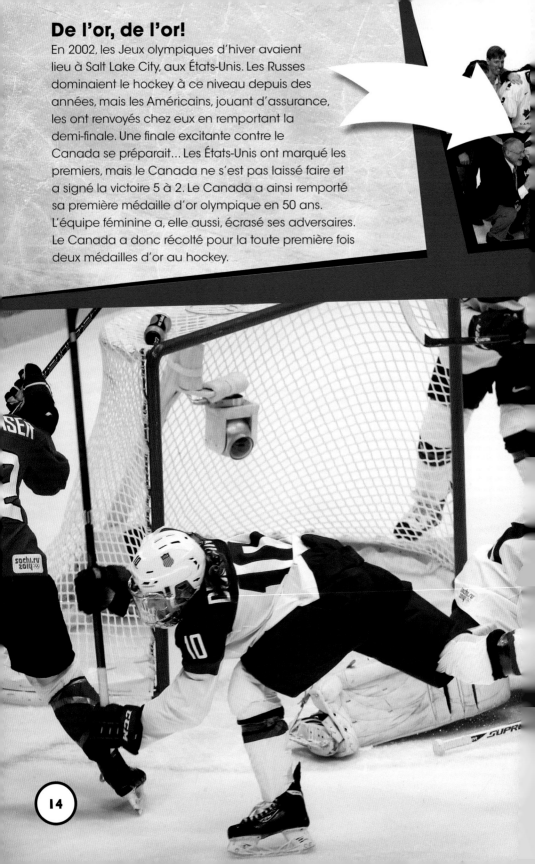

De l'or, de l'or!

En 2002, les Jeux olympiques d'hiver avaient lieu à Salt Lake City, aux États-Unis. Les Russes dominaient le hockey à ce niveau depuis des années, mais les Américains, jouant d'assurance, les ont renvoyés chez eux en remportant la demi-finale. Une finale excitante contre le Canada se préparait... Les États-Unis ont marqué les premiers, mais le Canada ne s'est pas laissé faire et a signé la victoire 5 à 2. Le Canada a ainsi remporté sa première médaille d'or olympique en 50 ans. L'équipe féminine a, elle aussi, écrasé ses adversaires. Le Canada a donc récolté pour la toute première fois deux médailles d'or au hockey.

Marie-Philip Poulin
(au centre) est une joueuse
en or : elle célèbre ici son but
égalisateur.

DU SUCCÈS
EN RUSSIE

Les équipes féminines de hockey des
États-Unis et du Canada entretenaient
une grande rivalité depuis deux décennies
lorsqu'elles se sont affrontées pour la médaille
d'or pendant les Jeux olympiques d'hiver
de Sotchi, en 2014. Les Américaines avaient pris
l'avance 2 à 1, à moins de quatre minutes
de la fin du match. Mais la Canadienne
Marie-Philip Poulin a créé l'égalité à moins
d'une minute de la fin, et son équipe
a gagné en prolongation.

DES BUTS SPECTACULAIRES

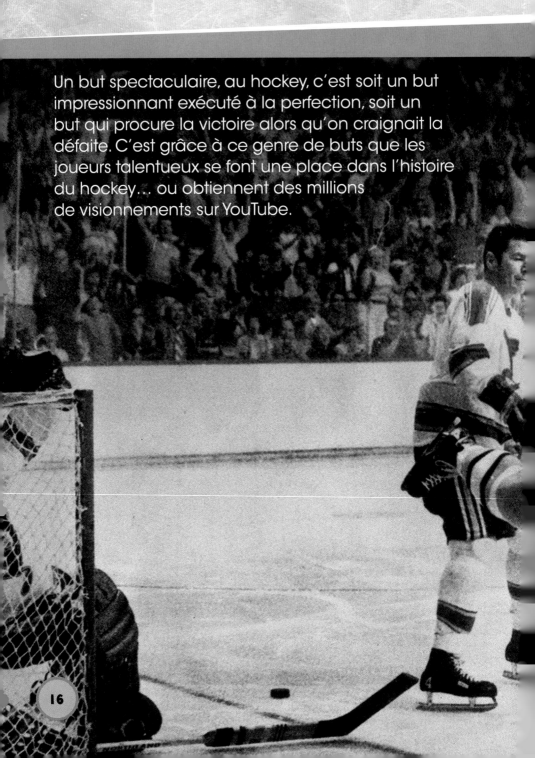

Un but spectaculaire, au hockey, c'est soit un but impressionnant exécuté à la perfection, soit un but qui procure la victoire alors qu'on craignait la défaite. C'est grâce à ce genre de buts que les joueurs talentueux se font une place dans l'histoire du hockey… ou obtiennent des millions de visionnements sur YouTube.

Bobby vole la victoire

Le quatrième et dernier match de la finale de la Coupe Stanley de 1970 opposait les Bruins de Boston aux Blues de St-Louis. Le score était de 3 à 3. Puis, 40 secondes après le début de la période de prolongation, Bobby Orr, défenseur des Bruins, a marqué un but à l'instant même où Noël Picard, des Blues, l'a fait trébucher! Ce but a permis aux Bruins de remporter leur première Coupe Stanley en 29 ans. Bobby Orr n'a plané qu'un court instant, mais cela a suffi au photographe pour prendre l'une des photos les plus connues du monde du hockey.

Bobby Orr a marqué le quatrième but pendant la quatrième période du match; il portait le numéro quatre et le joueur qui l'a fait trébucher endossait aussi le numéro quatre.

Qui a besoin de deux mains?

La superstar Sidney Crosby a marqué des dizaines de buts époustouflants durant son éblouissante carrière. On le voit ici marquer un but d'une seule main contre les Sabres de Buffalo, en mars 2017. Le centre des Penguins de Pittsburgh a traversé la glace en déjouant tous les joueurs sur son passage, puis, d'un subtil tir du revers, a fait passer la rondelle derrière le gardien des Sabres, Robin Lehner. Avec son autre main, Sidney repoussait un défenseur de l'équipe adverse; il s'agissait de son 41e but. Cette saison-là, Sydney en a marqué 44, ce qui lui a valu le trophée Maurice Richard, décerné au meilleur marqueur.

VIVE ALEX

Alex Ovechkin, des Capitals de Washington, a connu une saison extraordinaire en tant que recrue. Parmi ses nombreux exploits, son but contre les Coyotes de Phoenix, en janvier 2006, est certainement digne de mention. On y réfère souvent en tant que « l'un des plus beaux buts de tous les temps », ou plus simplement en tant que « le But ». Alex s'est emparé de la rondelle lors d'une sortie de zone et a traversé le cercle de droite, où le défenseur des Coyotes, Paul Mara, l'a mis en échec. Étendu de tout son long et dos au but, Alex a réussi à faire glisser la rondelle jusqu'au fond du filet… Les autres joueurs et les spectateurs n'en croyaient pas leurs yeux!

D'une main, Sidney Crosby retient Zach Bogosian, des Sabres. De l'autre, il s'apprête à marquer un but.

DE GRANDES CÉLÉBRATIONS

Parfois, un but est si beau ou si important que le marqueur se doit de le souligner avec style. Mais il arrive aussi que le seul fait de compter un but monte à la tête du joueur et qu'il en fasse un peu trop pour attirer l'attention de ses coéquipiers et partisans… même si le but en question n'avait rien de spécial. Il y a bien entendu des gens qui critiquent de telles démonstrations, mais un enthousiasme spontané, c'est toujours beau à voir!

Nail à genoux

En 2013, Nail Yakupov était une recrue fringante pour les Oilers d'Edmonton. Dans un match contre les Kings de Los Angeles, alors champions de la Coupe Stanley, Nail a marqué un but à seulement 4,7 secondes de la fin, forçant la tenue d'une prolongation. Il a souligné l'événement en patinant jusqu'au centre de la patinoire, puis en glissant sur les genoux jusqu'à l'autre bout. C'était une référence subtile à la célèbre glissade de Theo Fleury, des Flames de Calgary, dont l'équipe avait battu les Oilers pour remporter la Coupe Stanley en 1991. Et le jeune Nail n'avait pas fini de célébrer : les Oilers ont gagné le match avec un score de 2 à 1.

Les propos de Don Cherry au sujet de la glissade de Nail : « Si vous voulez passer au bulletin des sports, vous n'avez qu'à faire l'idiot, comme lui. »

La fièvre des séries

Cela faisait plus de 20 ans que les Islanders de New York n'avaient pas participé aux séries de fin de saison. En 2016, ils affrontaient les Panthers de la Floride lors de la première ronde des éliminatoires de l'Association de l'Est. Au sixième match, tandis que les Islanders menaient la série 3 à 2, les Panthers ont pris les devants avec un score de 1 à 0. C'est alors que John Tavares des Islanders a marqué un but, à seulement 54 secondes de la fin. Et il a enchaîné en prolongation avec le but qui a enfin permis à l'équipe de New York de remporter une première ronde en séries, ce qu'elle n'avait pas fait depuis 1993. Il était donc bien naturel que John et les partisans de l'équipe bondissent de joie!

MILAN PLONGE

L'étoile tchèque Milan Hejduk a joué 14 saisons dans la LNH, toutes avec l'Avalanche du Colorado. Il a participé à 1 020 matchs avec cette équipe (un record) et a inscrit 375 buts. Mais les partisans se rappellent surtout sa réaction lorsqu'il a marqué contre les Stars de Dallas, en 2000. Pendant la période de prolongation, il a marqué le but gagnant sans aide. Habituellement très calme, Milan a cette fois-là plongé sur la glace en faisant semblant de nager... Toute une façon de célébrer!

John Tavares et son coéquipier Thomas Hickey sautent de joie alors qu'ils célèbrent leur victoire lors des séries éliminatoires de la Coupe Stanley en 2016.

LA COUPE STANLEY

La récompense la plus prestigieuse dans le monde du hockey, la Coupe Stanley, a été décernée pour la première fois il y a plus de 120 ans. C'est le plus ancien trophée des sports professionnels. Remise à l'équipe gagnante des séries éliminatoires à la fin de la saison de la LNH, cette coupe a un statut légendaire, presque mythique, pour les hockeyeurs. Le nom de chacun des joueurs de l'équipe gagnante est gravé sur un anneau, à la base du trophée. Quand il n'y a plus de place, on ajoute un nouvel anneau et on retire le plus ancien, qui se retrouvera au Temple de la renommée du hockey.

PUISSANTS PINGOUINS

En 2017, les Penguins de Pittsburgh ont remporté la Coupe Stanley pour une deuxième année consécutive en battant les Predators de Nashville; c'était la première équipe à réaliser cet exploit depuis les Red Wings de Detroit, en 1997 et 1998. La victoire des Penguins lors du sixième match a soulevé la controverse : un coup de sifflet rapide de l'arbitre a annulé le premier but des Predators, et le but gagnant a été inscrit par une rondelle qui a rebondi sur le côté du filet. Mais une victoire, c'est une victoire! Et les Penguins, menés par Sidney Crosby, ont ramené la Coupe chez eux.

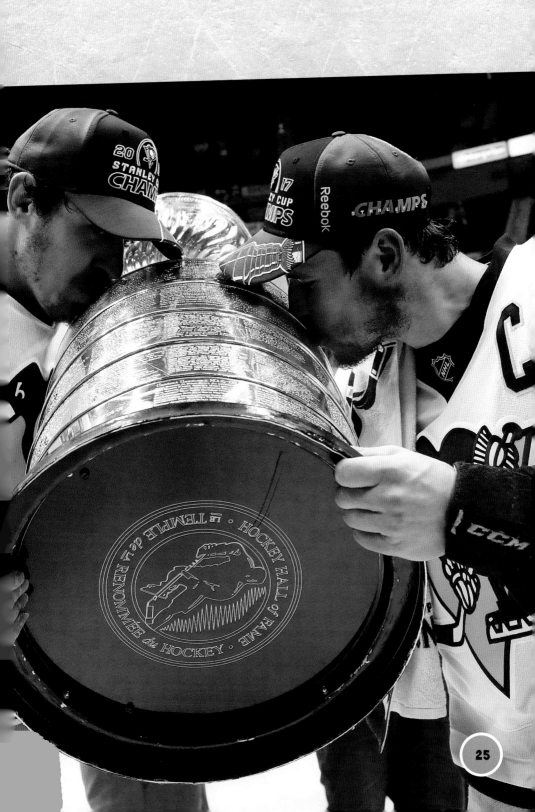

Une coupe aux multiples fonctions

Une foule de joueurs ont goûté au triomphe dans la célèbre Coupe de Lord Stanley. On a déjà rempli la célèbre Coupe d'eau bénite, pour baptiser des enfants, et on s'en est aussi servi comme bol de céréales. Go for Gin, le cheval qui a remporté le derby du Kentucky en 1994, a même eu l'honneur de manger dedans. Elle a aussi fait office de toilettes à la fillette de Kris Draper, des Red Wings de Detroit. Beurk!

LA COUPE EN TOURNÉE

Tous les joueurs de l'équipe championne ont le privilège de passer une journée entière avec le trophée. Cette tradition, qui remonte à 1995, a amené la Coupe à se retrouver parfois dans des lieux plutôt insusités. Pourtant, même avant 1995, la Coupe s'est retrouvée dans d'étranges situations. En 1924, les Canadiens de Montréal l'ont oubliée en bordure de route alors qu'ils réparaient un pneu crevé. En 1940, alors entre les mains des Rangers de New York, elle a mystérieusement été la proie des flammes. Quand les Penguins de Pittsburgh l'ont remportée pour la première fois en 1991, les joueurs ont voulu voir si elle flotterait dans la piscine de Mario Lemieux. Ils ont vite découvert que non! Steve Yzerman, la légende des Red Wings de Detroit, l'a même emportée avec lui sous la douche!

Les Canadiens de Montréal ont gagné la Coupe Stanley 24 fois, plus que toute autre équipe!

DES ARÉNAS ÉPATANTS

Pour les mordus de hockey, les arénas sont vraiment des endroits spéciaux. C'est là qu'ils vont voir leurs héros s'affronter sur la glace et c'est là que naissent bien des souvenirs et des amitiés. Il y a aussi des arénas construits pour des événements spéciaux, comme les Jeux olympiques d'hiver. Ce sont souvent de véritables bijoux d'architecture.

UN ARÉNA ILLUMINÉ

Construit pour accueillir les épreuves sur glace des Jeux olympiques d'hiver de 2014, le Palais des glaces Bolchoï de Sotchi, en Russie, est certainement l'un des arénas les plus impressionnants au monde. C'est sur cette glace que les équipes masculine et féminine du Canada ont remporté leur double médaille d'or olympique en hockey. Cet aréna est également connu pour son toit unique : le soir, 38 000 lumières DEL colorées illuminent le ciel tout autour de l'édifice. Ce système d'éclairage intelligent permet de faire danser une rondelle animée chaque fois qu'un but est marqué! Mais le mécanisme a mystérieusement fait défaut quand l'équipe américaine a marqué contre la Russie, qui a perdu le match 3 à 2!

SOCHI 2014

C'est Bell, ça brille

Le Centre Bell est le domicile de l'équipe de hockey la plus couronnée de l'histoire de la LNH, les Canadiens de Montréal. Et nul ne doute que l'aréna est à la mesure de son équipe! Avec une capacité de 21 288 spectateurs, il s'agit du plus gros aréna parmi ceux de la LNH. Ses dimensions incroyables et ses installations techniques de vidéo et d'éclairage en font un incontournable pour les amateurs de hockey, qui, une fois sur place, bénéficient tous d'une vue imprenable.

LA CATHÉDRALE DU HOCKEY

Le Vaillant Arena, à Davos, en Suisse, est l'un des arénas les plus impressionnants qui soient. À l'intérieur, un énorme plafond de bois en arche crée une atmosphère fantastique. À l'extérieur, le Vaillant Arena est flanqué de la plus grande patinoire naturelle en Europe. Domicile du club de hockey de Davos, l'aréna est aussi connu parce qu'il accueille la compétition internationale de la Coupe Spengler, qui se tient chaque année entre Noël et le jour de l'An.

TOUT LE MONDE LANCE

Que se passe-t-il quand une équipe marque un but décisif ou se qualifie pour les séries éliminatoires? Tout le monde lance quelque chose sur la glace, bien sûr! Les amateurs de hockey ont cette tradition à cœur depuis toujours. Mais les objets qu'ils jettent par-dessus la bande sont parfois très étonnants…

Volée d'ours en peluche

Les fans de hockey sont fous, mais ils ont aussi un grand cœur. La « volée d'ours en peluche » est une véritable tradition de Noël pour bon nombre d'entre eux. Lorsque le premier but est inscrit, les spectateurs lancent toutes sortes de peluches sur la glace. À la fin de la partie, celles-ci sont recueillies et remises à des organismes de bienfaisance pour les enfants. Les Hitmen de Calgary, de la Ligue de hockey de l'Ouest, détiennent le record du plus grand nombre de peluches recueillies : en décembre 2015, pendant un match qui les opposait aux Broncos de Swift Current, 28 815 animaux en peluche se sont retrouvés sur la glace. Il a fallu 40 minutes pour les ramasser!

La tradition du lancer d'ours en peluche est née en 1993. Ce sont les Blazers de Kamloops, de la Ligue de hockey de l'Ouest, qui en ont eu l'idée.

Plus de 20 ans après le premier « tour des rats », les Panthers chassent toujours les rats en plastique chaque fois qu'ils marquent un but.

LE TOUR DU CHAPEAU

Quand un joueur réalise un tour du chapeau (lorsqu'il marque trois buts lors du même match), les partisans célèbrent en lançant leur chapeau sur la glace. Les historiens du hockey ne s'entendent pas sur l'origine de cette tradition. Certains disent que, dans les années 1930, le chapelier Sammy Taft de Toronto avait offert un chapeau gratuit à tout joueur qui marquerait trois buts dans un match à domicile de la LNH. Aujourd'hui, les partisans ont repris cette tradition à leur manière. Si tu veux faire de même, n'oublie pas d'écrire ton nom à l'intérieur de ton chapeau!

Le tour des rats

En 1995, Scott Mellanby, des Panthers de la Floride, enfile son équipement dans le vestiaire de l'aréna de Miami quand il aperçoit un rat. En vrai professionnel, Scott saisit son bâton et frappe le rat à mort! Ce soir-là, il marque deux buts. Quand les fans entendent parler de cette histoire, ils se mettent à lancer des rats en plastique sur la glace chaque fois que les Panthers marquent un but. La LNH a essayé de mettre fin à cette pratique, en vain. Des partisans des équipes rivales ont même commencé à riposter en lançant des pièges à rats!

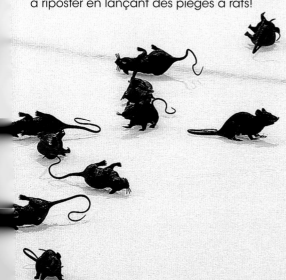

MASCOTTES EN FOLIE

Depuis que Harvey the Hound des Flames de Calgary a ouvert le bal, en 1983, les mascottes ont toujours eu leur place aux matchs de la LNH. Ces personnages en peluche remontent le moral des partisans lorsque leur équipe tire de l'arrière, et font toutes sortes de folies lorsqu'elle mène. Les mascottes dansent, font des culbutes ou dégringolent du plafond, pour notre plus grand plaisir!

#NHLAllStar

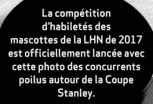

La compétition d'habiletés des mascottes de la LHN de 2017 est officiellement lancée avec cette photo des concurrents poilus autour de la Coupe Stanley.

COMPÉTITION DE MASCOTTES

La compétition d'habiletés des mascottes de la LNH réunit une fois par année les mascottes de toutes les équipes. Elles s'affrontent dans diverses activités telles que le ballon-chasseur, le ballon-balai et la chaise musicale. En guise de finale, les mascottes étoiles disputent un match de hockey. C'est un événement festif, mais les mascottes sont tout de même féroces et finissent généralement toutes ébouriffées!

Al la pieuvre, la mascotte des Red Wings, tire son prénom du gestionnaire de l'aréna de l'équipe, Al Sobotka.

Al la pieuvre

L'histoire de la mascotte commence en 1952 lorsque des partisans se sont mis à lancer des pieuvres mortes (oui, oui, des pieuvres mortes) sur la glace. Leurs huit pattes représentaient alors les huit matchs que devaient remporter les Red Wings de Detroit pour gagner la Coupe Stanley. Cette tradition a duré des années. Finalement, l'équipe a décidé de se doter d'une mascotte un peu moins gluante. C'est ainsi qu'est née cette pieuvre géante. Quand les Red Wings amorcent les séries éliminatoires, Al est accrochée au-dessus de la glace et aide son équipe à ne jamais baisser les bras!

Sharkie au bout du fil

S.J. Sharkie, qui porte plutôt bien son nom, est la mascotte
des Sharks de San Jose. Elle est devenue célèbre à la
suite d'un incident survenu en 1999, alors que les Sharks
accueillaient les Red Wings de Detroit. Sharkie prévoyait
divertir la foule en se laissant descendre du plafond
du SAP Center jusque sur la glace. Mais un problème
technique est survenu, et la pauvre mascotte est
demeurée suspendue à 12 mètres au-dessus de la glace.
Le match n'a pu commencer tant que le requin se
balançait au bout de son fil. Ça a bien fait
rire les commentateurs de la télévision
et aussi les partisans qui ont vu la vidéo.

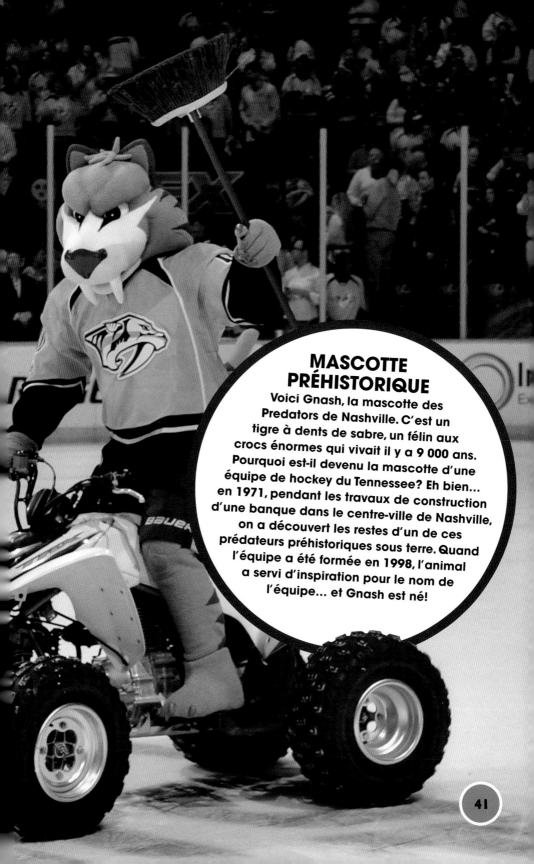

MASCOTTE PRÉHISTORIQUE

Voici Gnash, la mascotte des Predators de Nashville. C'est un tigre à dents de sabre, un félin aux crocs énormes qui vivait il y a 9 000 ans. Pourquoi est-il devenu la mascotte d'une équipe de hockey du Tennessee? Eh bien... en 1971, pendant les travaux de construction d'une banque dans le centre-ville de Nashville, on a découvert les restes d'un de ces prédateurs préhistoriques sous terre. Quand l'équipe a été formée en 1998, l'animal a servi d'inspiration pour le nom de l'équipe... et Gnash est né!

QUELQUES RITUELS

Le hockey est un sport de fous, où les joueurs se plient à des traditions et à des rituels particuliers. Il faut une assez bonne dose d'intensité pour devenir joueur de hockey professionnel. Ou peut-être que c'est à force de jouer qu'on devient si intense! Quoi qu'il en soit, la plupart des hockeyeurs accomplissent des rites parfois étranges ou qui relèvent de la superstition, en espérant que ça leur portera chance. Certains mangent un hot-dog garni d'une certaine façon avant une partie, d'autres portent des sous-vêtements qui leur portent chance. Mais il est évident qu'ils ont tous un truc pour essayer de faire glisser la rondelle dans le filet adverse!

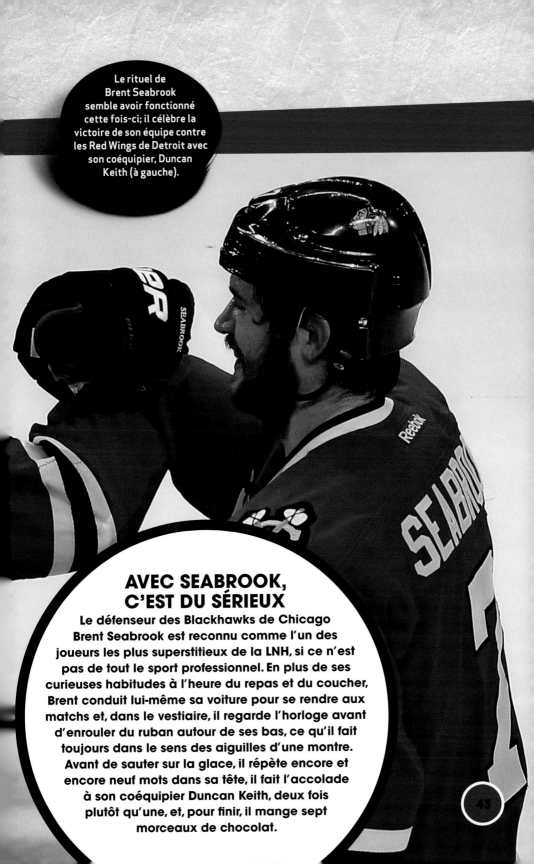

Le rituel de Brent Seabrook semble avoir fonctionné cette fois-ci; il célèbre la victoire de son équipe contre les Red Wings de Detroit avec son coéquipier, Duncan Keith (à gauche).

AVEC SEABROOK, C'EST DU SÉRIEUX

Le défenseur des Blackhawks de Chicago Brent Seabrook est reconnu comme l'un des joueurs les plus superstitieux de la LNH, si ce n'est pas de tout le sport professionnel. En plus de ses curieuses habitudes à l'heure du repas et du coucher, Brent conduit lui-même sa voiture pour se rendre aux matchs et, dans le vestiaire, il regarde l'horloge avant d'enrouler du ruban autour de ses bas, ce qu'il fait toujours dans le sens des aiguilles d'une montre. Avant de sauter sur la glace, il répète encore et encore neuf mots dans sa tête, il fait l'accolade à son coéquipier Duncan Keith, deux fois plutôt qu'une, et, pour finir, il mange sept morceaux de chocolat.

Oh! Crotte!

En 1975, pendant les séries éliminatoires de la Coupe Stanley, les Islanders de New York avaient perdu leurs trois premiers matchs contre les Penguins de Pittsburgh avant d'effectuer une remontée sensationnelle. Quel était leur secret? Alors que les Islanders jouaient au Madison Square Garden, un cirque qui s'était installé au même endroit a donné à l'équipe, en guise de cadeau, un sac d'excréments d'éléphant. L'équipe a transporté ce porte-bonheur inhabituel partout où elle allait pendant toute une année... Et elle a accumulé les victoires!

Un jeune partisan des Predators de Nashville se prend pour un de ses héros pendant les séries éliminatoires de la Coupe Stanley, en 2015.

LA BARBE DES SÉRIES

Les origines de la tradition de la barbe des séries se perdent dans la nuit des temps. Selon cette superstition, les joueurs ne se rasent pas la barbe durant les séries éliminatoires. La plupart des gens croient que ce sont les Islanders de New York qui ont instauré cette coutume au début des années 1980, lorsqu'ils ont remporté la Coupe Stanley quatre fois d'affilée. Il est primordial de ne pas se raser la barbe après une série de victoires pendant les séries éliminatoires. Cette coutume loufoque a été adoptée par les joueurs d'autres sports, et bon nombre de fans s'y conforment aussi.

BATTRE DES RECORDS SUR LA GLACE

Les fans ont envahi le stade de football de l'Université du Michigan en 2010 pour assister à une partie de hockey. Et il n'y avait pas un seul vendeur de crème glacée en vue!

Il y aura toujours des records à établir au hockey, mais certains ne seront probablement jamais battus. Parfois, c'est parce que les règles ont été modifiées… mais dans d'autres cas, c'est parce que les records ont été établis par l'inégalable Wayne Gretzky. Pendant la saison 1969-1970, les Flyers de Philadelphie ont fait match nul 24 fois. Depuis, on a introduit les périodes de prolongation et les tirs de barrage; il n'y a donc plus de match nul pendant la saison régulière, ce qui fait que ce record ne sera jamais battu! Pendant la saison 1980-1981, les pauvres Jets de Winnipeg ont établi un record que personne ne désire battre : ils ont perdu 30 matchs d'affilée!

PLUS IL FAIT FROID, PLUS ON AIME ÇA

Une partie de hockey collégiale à l'extérieur entre les Wolverines du Michigan et les Spartans de l'État du Michigan a attiré la plus grosse foule de l'histoire du hockey. Quelque 113 411 partisans ont courageusement bravé le froid pour voir les Wolverines l'emporter 5 à 0. Ce match, qui a eu lieu le 11 décembre 2010, est connu sous le nom de Big Chill at the Big House (Grand froid à la grande maison).

Un joueur quasi centenaire

Jusqu'à quel âge peut-on jouer au hockey? Mark Sertich, ancien entraîneur de hockey du Minnesota, avait 95 ans (et quatre jours, pour être exact) lorsqu'il a participé à un tournoi mondial de hockey senior, mieux connu sous le nom de Snoopy's Tournament, en juillet 2016. Il a quitté son poste d'entraîneur en 2012 pour prendre sa retraite, mais continue à jouer au hockey deux ou trois fois par semaine avec une équipe locale formée de pompiers.

ET DE TROIS POUR TOEWS

Quand le capitaine des Blackhawks de Chicago, Jonathan Toews, a remporté la Coupe Stanley en 2010, à l'âge de 22 ans, il est devenu le plus jeune membre du fameux Triple Gold Club (Club des joueurs ayant remporté à la fois les Jeux olympiques, le Championnat du monde et la Coupe Stanley). Il avait déjà remporté le Championnat du monde en 2007 ainsi qu'une médaille d'or aux Jeux olympiques de Vancouver, en 2010. Ces trois récompenses ont permis à Jonathan d'accéder au club d'élite des joueurs les plus primés de ce sport.

Super Per

Au hockey, tous les buts exigent une bonne vitesse de réaction, mais certains buts sont marqués plus rapidement que d'autres. En 1991, lors d'un match de la Première division au Danemark, Per Olsen, de l'équipe Rungsted IK, a établi un record Guinness : il a marqué un but seulement deux secondes après le début de la partie. Dans la LNH, le record pour le but marqué le plus rapidement est de cinq secondes, et il est partagé par trois joueurs : Doug Smail des Jets de Winnipeg (1981), Bryan Trottier des Islanders de New York (1984) et Alexander Mogilny des Sabres de Buffalo (1991).

Denis Kulyash célèbre son record du tir le plus puissant avec le reste de l'équipe des étoiles de la KHL.

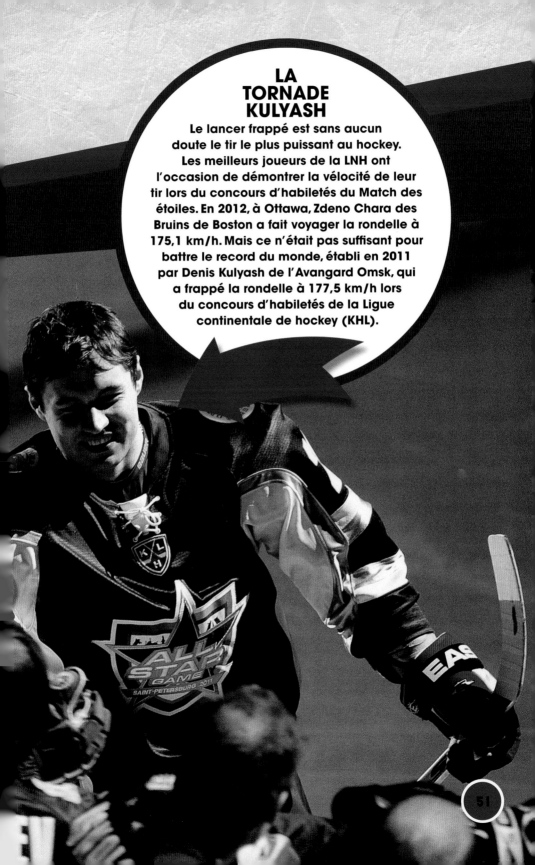

LA TORNADE KULYASH

Le lancer frappé est sans aucun doute le tir le plus puissant au hockey. Les meilleurs joueurs de la LNH ont l'occasion de démontrer la vélocité de leur tir lors du concours d'habiletés du Match des étoiles. En 2012, à Ottawa, Zdeno Chara des Bruins de Boston a fait voyager la rondelle à 175,1 km/h. Mais ce n'était pas suffisant pour battre le record du monde, établi en 2011 par Denis Kulyash de l'Avangard Omsk, qui a frappé la rondelle à 177,5 km/h lors du concours d'habiletés de la Ligue continentale de hockey (KHL).

DES GARDIENS PRODIGES

Dominik Hašek, surnommé le « Dominator », repousse un tir lors d'un match de la finale de la Coupe Stanley l'opposant aux Hurricanes de la Caroline, en 2002.

Tu as sûrement compris qu'il faut être un peu fou pour vouloir être joueur de hockey. Mais pour vouloir devenir gardien de but, il faut être fou à la puissance 100. C'est l'une des positions les plus difficiles à jouer au hockey, voire parmi tous les sports confondus. Les gardiens passent en général la totalité des 60 minutes sur la glace. Ils doivent donc avoir une endurance à toute épreuve, mais aussi la puissance et la souplesse pour être en mesure de passer de simples observateurs à joueurs au centre de l'action en un clin d'œil.

HYPER HAŠEK

Le gardien tchèque Dominik Hašek a joué 16 saisons dans la LNH, de 1990 à 2008. Il a remporté la Coupe Stanley deux fois avec les Red Wings de Detroit et décroché la médaille d'or avec la République tchèque aux Jeux olympiques de 1998. On le considère comme l'un des meilleurs gardiens de but de tous les temps. En 2017, la LNH a inscrit le nom de Hašek sur sa liste des 100 meilleurs joueurs de l'histoire de la LNH. Surnommé le « Dominator », il était doté d'une souplesse incroyable et était en mesure d'effectuer des contorsions comme personne. Il semblait parfois sortir de nulle part pour faire des arrêts époustouflants.

La crème de la crème de la Finlande

La Finlande, pays six fois plus petit que le Canada, a fourni à la LNH beaucoup plus que sa juste part de gardiens de but depuis la fin des années 1990. Les entraîneurs du pays ont enseigné aux gardiens de but différentes façons de défendre leur but tout en gardant les mains bien mobiles. Bien qu'ayant dépassé les 70 ans, le légendaire entraîneur de gardiens Urpo Ylönen continue de former les meilleurs gardiens finlandais de la LNH, tels que Miikka Kiprusoff, Pekka Rinne et Niklas Backstrom.

PLANTE, LE PIONNIER

Le hockey était encore plus fou dans les années 1950! À cette époque, les gardiens de but ne portaient pas de masque, mais Jacques Plante, qui défendait le filet des légendaires Canadiens de Montréal, a changé cette réalité. Agacé par son visage toujours couvert de coupures, de cicatrices et de points de suture, et surtout après avoir subi une vilaine fracture du nez, Jacques a conçu un masque et a commencé à le porter pendant les matchs en 1959. Au milieu des années 1960, presque tous les gardiens portaient désormais un masque. Jacques était un gardien hors pair. Avec les Canadiens, il a remporté six fois la Coupe Stanley. Il a été le premier gardien de but à s'éloigner régulièrement de son filet pour jouer la rondelle. Personne ne jouait de cette façon avant lui! Jacques était un vrai pionnier du jeu moderne.

Merveilleuse Manon

La gardienne canadienne Manon Rhéaume est une véritable pionnière. En 1992, elle est devenue la première femme à jouer dans la LNH. Elle a pris part à deux matchs hors concours avec le Lightning de Tampa Bay et a joué pour plusieurs clubs professionnels de ligues mineures. Manon a également remporté la médaille d'argent pour le Canada aux Jeux olympiques d'hiver de 1998.

Le gardien de
but Jacques Plante,
véritable innovateur,
porte sur cette photo le
masque qu'il a conçu et
fabriqué lui-même
en 1959.

UNE GAFFE, UN BUT

En théorie, un filet ouvert : c'est un but facile. Une simple erreur du gardien de but ou d'un défenseur peut laisser le filet à découvert, permettant à un joueur de l'équipe adverse d'y pousser la rondelle sans peine et de récolter la gloire. Mais ça ne se passe pas toujours ainsi. Il peut arriver qu'un joueur vise le but, mais pour une raison quelconque, il ne sait plus comment manœuvrer la rondelle, qui lui échappe et rate complètement la cible!

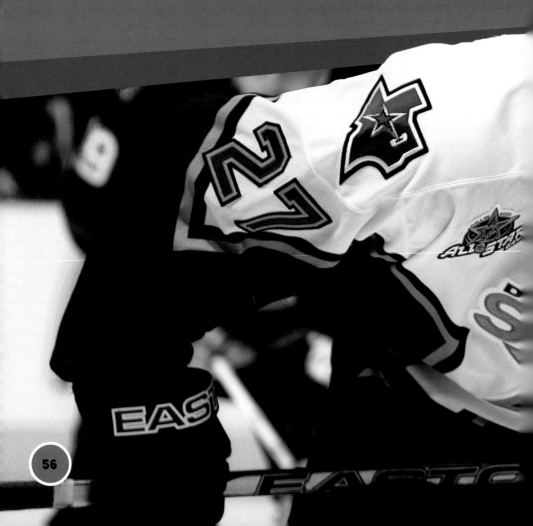

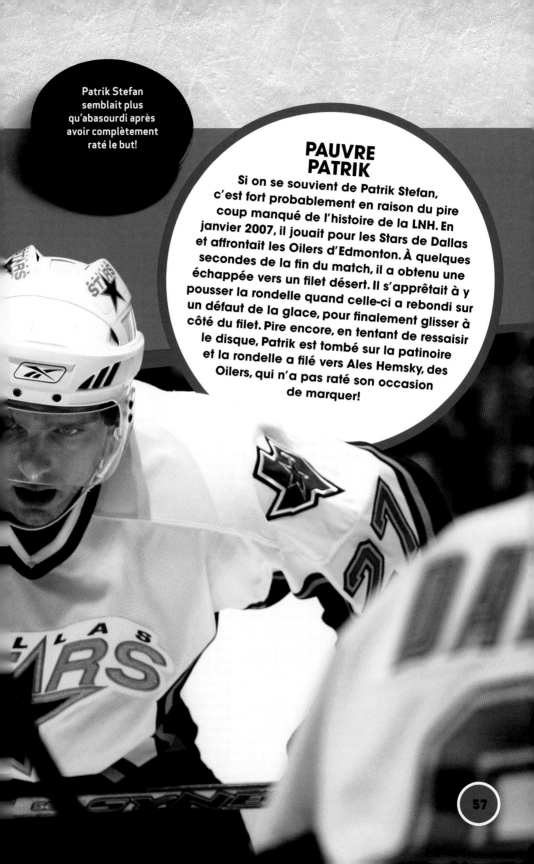

Patrik Stefan semblait plus qu'abasourdi après avoir complètement raté le but!

PAUVRE PATRIK

Si on se souvient de Patrik Stefan, c'est fort probablement en raison du pire coup manqué de l'histoire de la LNH. En janvier 2007, il jouait pour les Stars de Dallas et affrontait les Oilers d'Edmonton. À quelques secondes de la fin du match, il a obtenu une échappée vers un filet désert. Il s'apprêtait à y pousser la rondelle quand celle-ci a rebondi sur un défaut de la glace, pour finalement glisser à côté du filet. Pire encore, en tentant de ressaisir le disque, Patrik est tombé sur la patinoire et la rondelle a filé vers Ales Hemsky, des Oilers, qui n'a pas raté son occasion de marquer!

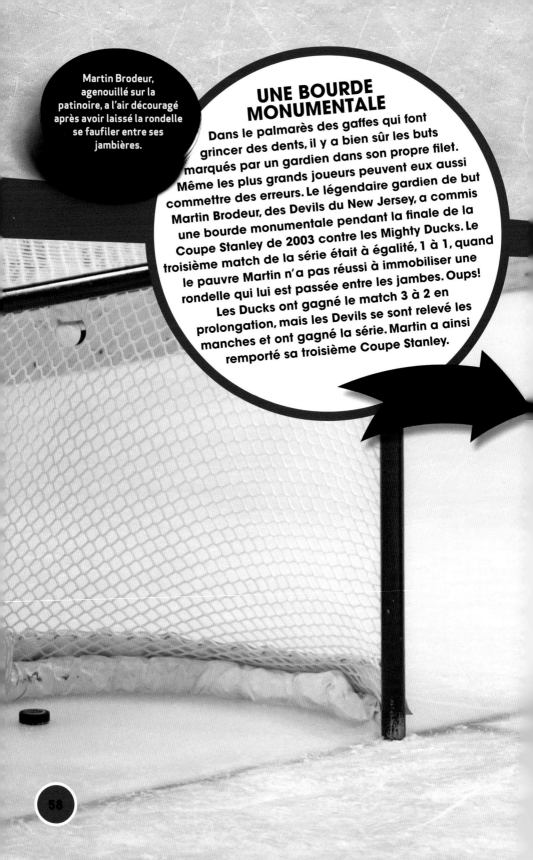

Martin Brodeur, agenouillé sur la patinoire, a l'air découragé après avoir laissé la rondelle se faufiler entre ses jambières.

UNE BOURDE MONUMENTALE

Dans le palmarès des gaffes qui font grincer des dents, il y a bien sûr les buts marqués par un gardien dans son propre filet. Même les plus grands joueurs peuvent eux aussi commettre des erreurs. Le légendaire gardien de but Martin Brodeur, des Devils du New Jersey, a commis une bourde monumentale pendant la finale de la Coupe Stanley de 2003 contre les Mighty Ducks. Le troisième match de la série était à égalité, 1 à 1, quand le pauvre Martin n'a pas réussi à immobiliser une rondelle qui lui est passée entre les jambes. Oups! Les Ducks ont gagné le match 3 à 2 en prolongation, mais les Devils se sont relevé les manches et ont gagné la série. Martin a ainsi remporté sa troisième Coupe Stanley.

Pour quelle équipe joues-tu?

En 2013, Jeff Petry faisait partie des Oilers d'Edmonton lorsqu'il a affronté les Red Wings de Detroit. Lors d'une tentative de dégagement sur un retour de lancer, il a poussé la rondelle dans son propre filet, portant le score à égalité. Le match s'est rendu en prolongation, et les Red Wings ont finalement gagné. Jeff est né et a grandi au Michigan, dans une famille de partisans des Red Wings... C'est peut-être pour cela qu'il a oublié pour quelle équipe il jouait!

LE HOCKEY FAIT RIGOLER

Il peut être parfois pénible de passer beaucoup de temps sur la route, pour se rendre d'un aréna à un autre en compagnie du même groupe de coéquipiers. Cela peut même devenir lassant, et, comme les joueurs de hockey sont un peu fêlés, ils aiment bien faire des bêtises pour passer le temps. Que ce soit le fait de cacher de faux serpents dans la glacière, de couper les lacets de leurs coéquipiers ou bien pire encore, les hockeyeurs sont reconnus pour être de grands farceurs.

Banc de bébés

Les joueurs de hockey aiment donner l'impression d'être viriles, mais en réalité, ils sont tendres comme tout! Cette affiche collée sur la bande a pour effet hilarant de transformer les joueurs visiteurs en gros bébés sur patins. Espérons seulement qu'il ne sera pas nécessaire de changer leur couche!

Les Otters d'Érié sont une équipe de hockey junior majeur de la Pennsylvanie dans laquelle Connor McDavid a joué de 2012 à 2015.

Brent Burns et P.K. Subban (déguisé pour ressembler à la légende du hockey Jaromir Jagr) volent la vedette lors du concours d'habiletés du Match des étoiles de la LNH.

Le baiser de glace : un tour classique

Des générations de hockeyeurs ont joué ce tour rigolo, maintenant devenu un véritable classique. C'est tout simple : il suffit de mettre la main sur les patins d'un joueur dans le vestiaire quand celui-ci a le dos tourné. Un petit morceau de ruban adhésif transparent placé sur la lame du patin fait tout le travail : dès que le joueur posera son patin sur la glace, il s'écroulera de tout son long.

JOUEURS... DE TOURS

Pour certains joueurs, faire des plaisanteries à ses coéquipiers est un art à prendre au sérieux. Dans les années 1970, Guy Lapointe était le farceur incontesté des Canadiens de Montréal. Une fois, avant de serrer la main du premier ministre Pierre Trudeau, il s'est enduit la main de gelée de pétrole! De nos jours, le plus grand blagueur de la LNH est Brent Burns, des Sharks de San Jose. Brent est sérieux lorsqu'il est question de hockey, mais il y ajoute une touche d'humour chaque fois qu'il le peut. Ce défenseur arbore une barbe si longue qu'on l'a déjà pris pour un pirate lorsqu'il se promenait à Disneyland, aux États-Unis. De plus, il s'est déguisé en Chewbacca, personnage de Star Wars, à l'occasion du concours d'habiletés du Match des étoiles de la LNH de 2016.

GRETZKY LA MERVEILLE

Wayne Gretzky est tout simplement le joueur de hockey le plus célèbre de l'histoire. Surnommé « la Merveille », il a joué 20 saisons dans la LNH et a pulvérisé à peu près tous les records. Il est le seul joueur à avoir accumulé plus de 200 points en une saison; et il l'a fait à quatre reprises! Quand il évoluait avec les Oilers d'Edmonton, dans les années 1980, il a eu une grande influence sur la façon de jouer de ses coéquipiers, et l'équipe s'est soudée. Entre 1982 et 1985, les Oilers ont marqué plus de buts que toute autre équipe, un record encore inégalé, et ont remporté cinq Coupes Stanley en sept ans.

La Merveille

Wayne était relativement petit en comparaison avec les autres joueurs de hockey, mais il compensait son manque de robustesse par son intelligence et sa créativité. Il savait exactement à quel endroit la rondelle se trouvait à n'importe quel moment et réagissait en conséquence. Il faisait des passes et tirait au but avec une puissance et une précision qui laissaient ses adversaires sans voix. Son influence sur le jeu moderne est immense.

Lorsque Wayne a raccroché ses patins, la LNH a retiré le numéro qu'il portait : jamais plus aucun joueur de la LNH ne pourra porter le fameux numéro « 99 ».

Gretzky en chiffres

Wayne Gretzky a établi des records si sensationnels que l'on a peine à croire qu'ils puissent un jour tomber. Voici quelques chiffres :

28

894 buts (record absolu)

19 Plus jeune joueur (19 ans) à compter 50 buts en une saison

215 points en une saison
(record absolu)

57 points en carrière
(record absolu)

200+ Trois saisons
consécutives de
200 points et plus

39
Matchs
pour marquer
50 buts

92 buts en une saison
(record absolu)

DES SCORES DU TONNERRE

Dans le monde du hockey, on établit toujours de nouveaux records et on en pulvérise d'autres. Les règles changent et les joueurs s'améliorent année après année, mais certains records qui datent des débuts tiennent toujours.

Super Mario

La Merveille ne détient pas la totalité des records du hockey professionnel, seulement la plupart d'entre eux. « Super » Mario Lemieux a établi quant à lui un record unique dans la LNH, puisqu'il a compté en un seul match cinq buts de cinq façons différentes : à 5 contre 5, en supériorité numérique, en infériorité numérique, sur un lancer de punition et, finalement, dans un filet désert à une seconde de la fin de la partie. Éblouissant!

L'équipe féminine slovaque, qui détient le record du pointage le plus élevé, célèbre sa victoire contre la Chine aux Jeux olympiques d'hiver de 2010, à Vancouver.

QUEL SCORE!

En 2008, les équipes féminines de Slovaquie et de Bulgarie s'affrontaient lors des qualifications pour les Jeux olympiques d'hiver de 2010. Après cinq minutes de jeu, la Slovaquie menait 7 à 0; à la fin de la première période, le score était de 31 à 0. Au final, les Slovaques ont enregistré un score de 82 à 0, le score le plus élevé de tous les matchs internationaux de hockey. La Slovaquie a réussi à se qualifier pour les Jeux de Vancouver, mais l'équipe a été anéantie par le Canada avec un score de 18 à 0!

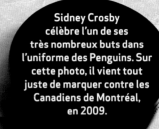

Sidney Crosby célèbre l'un de ses très nombreux buts dans l'uniforme des Penguins. Sur cette photo, il vient tout juste de marquer contre les Canadiens de Montréal, en 2009.

GO HABS GO!

Il faut remonter jusqu'en 1920 pour retrouver le record du score le plus élevé jamais réalisé dans un match de la LNH. À l'époque, les Canadiens de Montréal dominaient la Ligue et ont bien défendu leur titre face à leurs rivaux, les Bulldogs de Québec, les écrasant 16 à 3. Dans ce seul match, quatre joueurs ont marqué au moins trois buts... Une raclée qui n'a jamais été revue depuis!

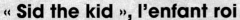

« Sid the kid », l'enfant roi

Depuis qu'il a été repêché en 2005, le capitaine des Penguins de Pittsburgh a réalisé de nombreux records malgré son jeune âge. Il est le plus jeune joueur de la LNH à avoir obtenu 100 points en une saison, atteint la barre des 200 points en carrière, fait partie de l'alignement partant du Match des Étoiles, remporté le trophée Art Ross, marqué le plus de points dans les séries éliminatoires et porté le titre de capitaine d'une équipe ayant remporté la Coupe Stanley. Tout un phénomène!

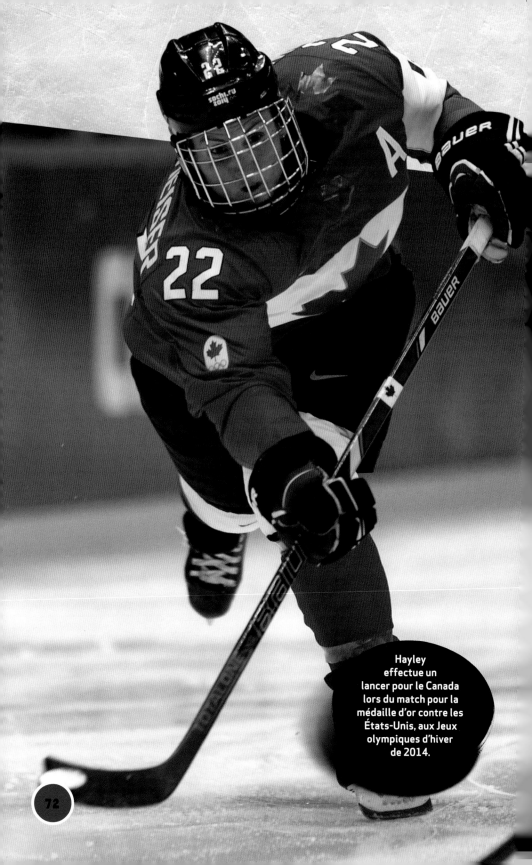

Hayley effectue un lancer pour le Canada lors du match pour la médaille d'or contre les États-Unis, aux Jeux olympiques d'hiver de 2014.

Hayley a tout pour elle

Avant de prendre sa retraite, Hayley Wickenheiser était la plus grande joueuse de hockey au monde. Elle a grandi dans les ligues de hockey mineur, où elle jouait souvent avec des garçons! Elle a déménagé en Finlande pour accéder aux ligues majeures et est devenue la première femme à jouer dans une équipe professionnelle de hockey ailleurs que dans les buts. Comme si cela ne suffisait pas, elle a aussi représenté le Canada dans l'équipe de softball aux Jeux olympiques d'été!

Des médailles de poids

Hayley s'est vraiment illustrée sur la scène internationale de hockey. Elle a porté les couleurs du Canada pendant 23 ans et obtenu sept médailles d'or en plus de six médailles d'argent aux Championnats du monde. Elle a aussi représenté le Canada lors de cinq Jeux olympiques d'hiver, remportant quatre médailles d'or et une médaille d'argent. Elle est la meilleure marqueuse des Jeux olympiques, hommes et femmes confondus, avec ses 51 points (18 buts, 33 mentions d'aide). Hayley a pris sa retraite du hockey professionnel en 2017.

4 médailles d'or aux Jeux olympiques

7 médailles d'or aux Championnats du monde

1 médaille d'argent aux Jeux olympiques

6 médailles d'argent aux Championnats du monde

18 buts comptés aux Jeux olympiques

276 participations à un match international

168 buts dans des matchs internationaux

QUAND LA ZAMBONI FILE

La surfaceuse, populairement appelée la Zamboni, redonne le lustre d'un miroir à la glace tout entaillée par les coups de patin des joueurs. Auparavant, une équipe de quatre hommes mettait une heure complète pour refaire toute la surface. Mais en 1949, Frank Zamboni a inventé son formidable véhicule. L'équipe des Bruins de Boston a été la première de la LNH à utiliser une Zamboni, en 1954. Depuis cette date, une Zamboni exécute un parcours minutieusement réglé sur toute la patinoire entre les périodes de jeu, au grand plaisir des spectateurs.

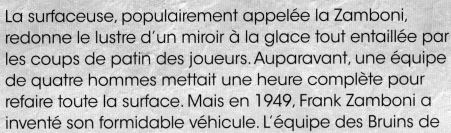

UN REQUIN SUR LA GLACE!

Les surfaceuses sont souvent peintes aux couleurs de leur équipe pour ajouter un peu de fantaisie. Les Sharks de San Jose possèdent une des machines Zamboni les plus connues. Elle sourit de toutes ses dents menaçantes et est pourvue d'un aileron impressionnant. C'est quelque chose à voir! Quelques heureux partisans ont même eu la chance de faire le tour de la patinoire... à dos de requin!

Fascinante!

La Zamboni captive les spectateurs quand elle glisse lentement d'un bout à l'autre de la patinoire en laissant derrière elle une surface lisse et bien brillante. Elle accroche littéralement les regards! Ce pouvoir hypnotique est utilisé pendant les matchs pour des campagnes publicitaires et la promotion de divers événements. Puisque tout le monde a les yeux fixés sur la machine, autant en profiter!

Cette Zamboni bien spéciale fait de la publicité pour les friandises Peeps à l'occasion de Pâques. Elle a même un ami qui l'accompagne sur la glace.

TOUT EN DOUCEUR

Tout le monde sait qu'une Zamboni se déplace très lentement, mais savais-tu que cette machine parcourt de longues distances? En moyenne, elle couvre une distance de six kilomètres à chaque match. Au bout d'une année, elle aura ainsi accumulé plus de 3 000 km en sillonnant tranquillement la patinoire! Juste avant les Jeux olympiques d'hiver de 2002, une Zamboni a fait la traversée du Canada, une sorte de parcours au ralenti du relais de la flamme olympique. Il a fallu à la machine près de neuf mois pour parcourir les 5 954 km!

LES DURS À CUIRE

Le hockey est un jeu exigeant et, en général, les joueurs ne craignent pas les coups! Mais il y a des joueurs plus agressifs que les autres : ce sont les hommes de main. Leur rôle consiste à défendre le joueur étoile de l'équipe quand ce dernier attire un peu trop l'attention de ses adversaires. Ils vont chercher à ralentir le jeu pendant une attaque ou à se placer devant un joueur qui s'apprête à tirer au but. Ils vont aussi se servir de leurs muscles quand il le faut. Bien sûr, les meilleurs hommes de main savent également bien manier la rondelle!

Baraqué comme Georges

Avec son 1,93 m et ses 111 kg, aucun homme de main n'était aussi costaud que Georges Laraque, ancien joueur des Oilers, des Penguins et des Canadiens. Durant sa carrière de 11 saisons dans la LNH, le « gros Georges » faisait bien sentir sa présence sur la glace. Bien sûr, Georges avait un physique avantageux et savait se battre, mais il a maintes fois démontré son côté tendre et vertueux! Après avoir quitté le hockey en 2010, Georges est devenu végétalien et chef adjoint du Parti vert du Canada, poste qu'il a occupé jusqu'en 2013. Il a aussi investi dans un restaurant végétalien et dans une entreprise du domaine de la santé.

Quand son équipe comptait un but, Georges avait pour habitude de se projeter sur la baie vitrée pour égayer le public!

DES POINTS PLUTÔT QUE DES POINGS

Le hockey est différent de ce qu'il était à l'époque de Gordie. Depuis une vingtaine d'années, les spectateurs ne s'attendent plus à assister à un match de lutte sur glace; ils s'enthousiasment plutôt pour les habiletés dont font preuve leurs héros avec un bâton et une rondelle! Les bagarres sont interdites au niveau olympique et se font de plus en plus rares dans la LNH. Les jours où l'on voyait des équipes entières jeter les gants sont heureusement terminés... ou presque!

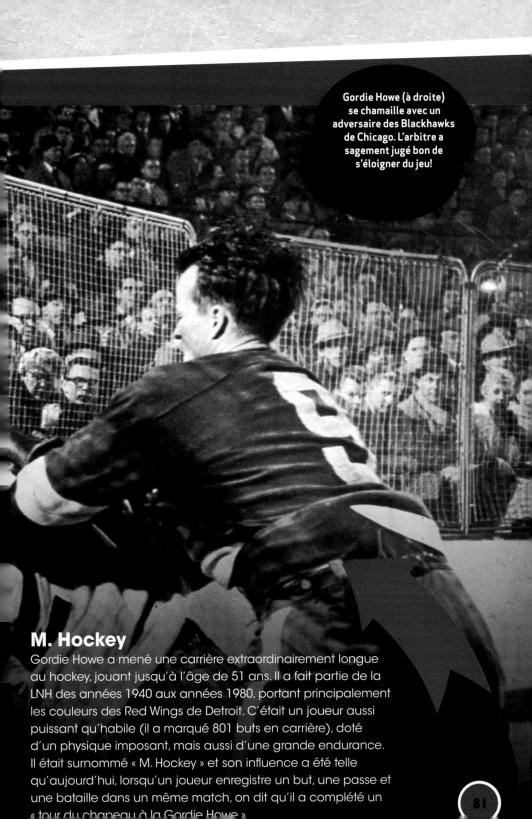

Gordie Howe (à droite) se chamaille avec un adversaire des Blackhawks de Chicago. L'arbitre a sagement jugé bon de s'éloigner du jeu!

M. Hockey

Gordie Howe a mené une carrière extraordinairement longue au hockey, jouant jusqu'à l'âge de 51 ans. Il a fait partie de la LNH des années 1940 aux années 1980, portant principalement les couleurs des Red Wings de Detroit. C'était un joueur aussi puissant qu'habile (il a marqué 801 buts en carrière), doté d'un physique imposant, mais aussi d'une grande endurance. Il était surnommé « M. Hockey » et son influence a été telle qu'aujourd'hui, lorsqu'un joueur enregistre un but, une passe et une bataille dans un même match, on dit qu'il a complété un « tour du chapeau à la Gordie Howe ».

UNE AFFAIRE DE FAMILLE

Des frères se sont affrontés lors de cinq occasions sur la glace pendant les séries éliminatoires de la Coupe Stanley.

Depuis très longtemps, le hockey est parfois une affaire de famille. Depuis 1917, année de la création de la LNH, 26 joueurs ont joué dans une équipe où leur père avait déjà joué, et pas moins de 47 paires de frères ont joué pour le même club de hockey en tant que coéquipiers. Le grand Gordie Howe a quant à lui repoussé les limites : il a joué pendant toute une saison avec ses fils, Mark et Marty, pour les Whalers de Hartford.

Super Staal

Les frères Staal, Eric, Marc, Jordan et Jared, sont des joueurs professionnels de hockey. Trois d'entre eux évoluent dans la LNH. Ils jouent tous pour différentes équipes aujourd'hui, mais en 2013, Eric, Jordan et Jared formaient une seule et même ligne d'attaque pour les Hurricanes de la Caroline. Sur cette photo, ils devaient affronter l'équipe de leur frère Marc, les Rangers de New York, mais ce dernier était absent en raison d'une blessure!

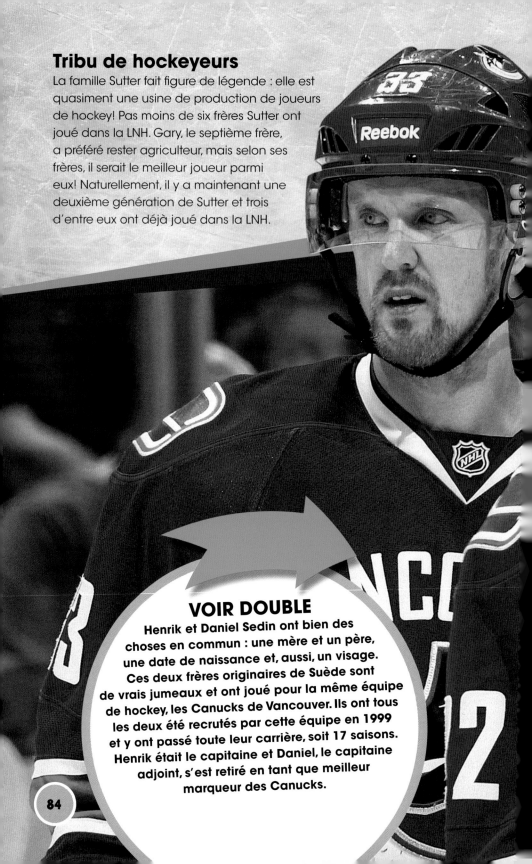

Tribu de hockeyeurs

La famille Sutter fait figure de légende : elle est quasiment une usine de production de joueurs de hockey! Pas moins de six frères Sutter ont joué dans la LNH. Gary, le septième frère, a préféré rester agriculteur, mais selon ses frères, il serait le meilleur joueur parmi eux! Naturellement, il y a maintenant une deuxième génération de Sutter et trois d'entre eux ont déjà joué dans la LNH.

VOIR DOUBLE

Henrik et Daniel Sedin ont bien des choses en commun : une mère et un père, une date de naissance et, aussi, un visage. Ces deux frères originaires de Suède sont de vrais jumeaux et ont joué pour la même équipe de hockey, les Canucks de Vancouver. Ils ont tous les deux été recrutés par cette équipe en 1999 et y ont passé toute leur carrière, soit 17 saisons. Henrik était le capitaine et Daniel, le capitaine adjoint, s'est retiré en tant que meilleur marqueur des Canucks.

Les jumeaux Sedin : Henrik se trouve à gauche, et Daniel, à droite. Ou peut-être que c'est le contraire?

LE SAVAIS-TU?

Il se passe toujours des choses incroyables dans le monde du hockey. Par exemple, savais-tu que les Ducks d'Anaheim tirent leur nom d'un film de Disney, *Jeu de puissance*, qui racontait l'histoire d'une équipe fictive, les Mighty Ducks? Savais-tu qu'avant la saison 1927-1928 les passes vers l'avant étaient interdites? Par ailleurs, savais-tu qu'avant la saison 2017-2018 les aspirants gardiens de but avaient toutes les raisons du monde d'assister à des matchs de hockey : en effet, selon le règlement de la LNH, si les deux gardiens de but d'une équipe étaient blessés, n'importe qui pouvait prendre leur place… même un spectateur!

Hockey au pays des géants

Le plus gros bâton de hockey du monde se trouve à l'extérieur du Cowichan Arena, à Duncan, en Colombie-Britannique. Mesurant 61 mètres de long et pesant plus de 27 000 kg, il est trop long pour être accroché à l'intérieur. Il est d'ailleurs accompagné de sa rondelle. Cet immense bâton attire des hordes de touristes, mais jusqu'ici, aucun joueur n'a jamais réclamé la permission de s'en servir!

Le plus gros bâton de hockey du monde et la rondelle sont 40 fois plus gros qu'en réalité.

Flying Fathers

En 1963, des prêtres ont fondé une équipe de hockey et organisaient des matchs hors concours afin de recueillir de l'argent pour des œuvres de bienfaisance. Baptisée les Flying Fathers, l'équipe fondée par les prêtres Les Costello et Brian McKee a parcouru toute l'Amérique du Nord et récolté plus de quatre millions de dollars pour la bonne cause.

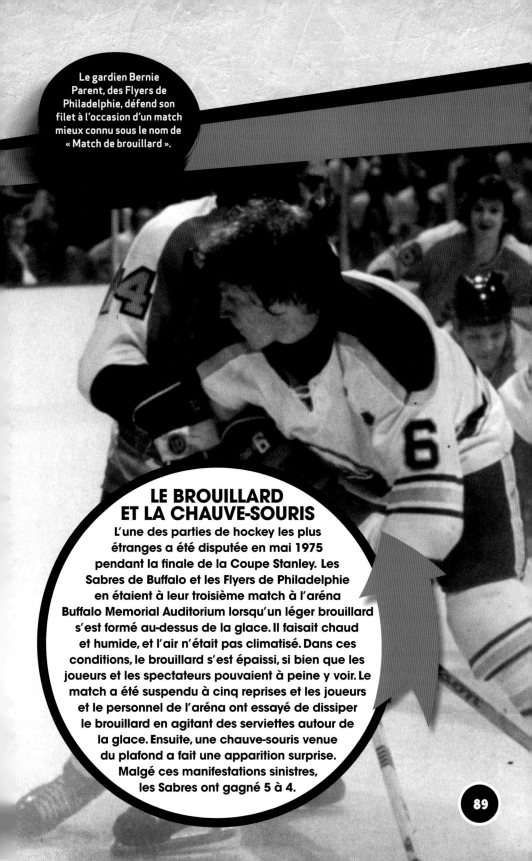

Le gardien Bernie Parent, des Flyers de Philadelphie, défend son filet à l'occasion d'un match mieux connu sous le nom de « Match de brouillard ».

LE BROUILLARD ET LA CHAUVE-SOURIS

L'une des parties de hockey les plus étranges a été disputée en mai 1975 pendant la finale de la Coupe Stanley. Les Sabres de Buffalo et les Flyers de Philadelphie en étaient à leur troisième match à l'aréna Buffalo Memorial Auditorium lorsqu'un léger brouillard s'est formé au-dessus de la glace. Il faisait chaud et humide, et l'air n'était pas climatisé. Dans ces conditions, le brouillard s'est épaissi, si bien que les joueurs et les spectateurs pouvaient à peine y voir. Le match a été suspendu à cinq reprises et les joueurs et le personnel de l'aréna ont essayé de dissiper le brouillard en agitant des serviettes autour de la glace. Ensuite, une chauve-souris venue du plafond a fait une apparition surprise. Malgé ces manifestations sinistres, les Sabres ont gagné 5 à 4.

C'EST DANS LA POCHE (DE HOCKEY)

Le hockey est un sport assez simple, mais il exige un bon équipement de base. Il faut des patins, un bâton et une rondelle, bien sûr, mais aussi un équipement de protection pour éviter les blessures. L'équipement des joueurs de hockey a beaucoup évolué depuis la naissance du sport. Il y a quelques centaines d'années, un jeu ressemblant au hockey se jouait sur la surface glacée des lacs avec une rondelle faite d'une pomme gelée, d'un bout de souche d'arbre ou même d'un morceau de bouse de vache gelé. Quand on a construit des patinoires intérieures, on a remplacé ces rondelles par des tranches de balle de crosse. Ce n'est qu'au début des années 1900 qu'on a commencé à fabriquer des rondelles de caoutchouc. Au départ, il s'agissait tout simplement de morceaux de caoutchouc collés les uns sur les autres. Mais on a vite inventé la rondelle d'un seul tenant de caoutchouc dont on se sert encore aujourd'hui.

PRÉCIEUSE RONDELLE

La rondelle standard, utilisée par la plupart des ligues de hockey professionnelles, a une épaisseur de 2,5 cm et un diamètre de 7,6 cm. Le logo de l'équipe ou d'un commanditaire est souvent imprimé sur une ou les deux faces. On conserve généralement les rondelles au congélateur, puisqu'une rondelle gelée glisse beaucoup mieux sur la glace et est moins susceptible de rebondir.

Jolies courbes

Dans les années 1800, les bâtons de hockey étaient fabriqués à la main dans une unique pièce de bois. Par la suite, on s'est mis à fabriquer séparément les palettes avant de les insérer dans le manche du bâton. Jusque dans les années 1960, les palettes étaient bien droites. Un jour, Stan Mikita et Bobby Hull, attaquants pour les Blackhawks de Chicago, se sont aperçus qu'une palette brisée (donc légèrement recourbée) les aidait à mieux diriger la rondelle. Depuis lors, les palettes recourbées sont la norme. Les passes et les tirs au but n'ont plus jamais été les mêmes.

M. Hockey en personne, Gordie Howe, examine les palettes drôlement recourbées de Stan et de Bobby, qui allaient changer à tout jamais la façon de jouer.

AVEC OU SANS CASQUE?

Dans le monde hallucinant des débuts du hockey, aucun règlement n'imposait le port du casque, et presque aucun joueur n'en portait. Plusieurs blessures graves sont survenues dans les années 1960 et 1970, ce qui a amené les joueurs à adopter le casque. En 1979, en vertu d'un règlement, la LNH a obligé tous les nouveaux joueurs à porter un casque. Ceux qui avaient signé leur contrat avant 1979 pouvaient être exemptés, et quelques vieux routiers ont décidé de rester nu-tête. Craig MacTavish, qui a disputé son dernier match pour les Blues de St-Louis en 1997, a été le dernier joueur de la LNH à jouer sans casque.

BUTS TOUS AZIMUTS

Dans ce sport, on dirait parfois que les buts s'inscrivent par miracle. La rondelle se déplace si rapidement que les yeux ne peuvent pas la suivre, et elle réapparaît là où personne ne l'attendait. Il suffit d'une bosse presque imperceptible sur la glace ou d'une enclave trop encombrée pour que l'inattendu se produise.

Entre les mailles du filet

Shea Weber, des Canadiens de Montréal, possède l'un des lancers frappés les plus percutants parmi les joueurs de la LNH. Il propulse régulièrement la rondelle à des vitesses de plus de 174 km/h, frôlant le record. Pendant les Jeux olympiques d'hiver de 2010, Shea affrontait l'Allemagne au sein d'Équipe Canada quand il a frappé la rondelle si fort qu'elle est passée au travers du filet et s'est retrouvée derrière le but! Les spectateurs croyaient tous qu'il s'agissait d'un tir raté... après tout, la rondelle n'était plus dans le filet! Mais la reprise vidéo a permis de confirmer que le but était bon.

Parfois, même les parois de plexiglas doivent être changées, comme cela s'est produit pendant ce match des Jeux olympiques d'hiver de 2010.

Mark Pysyk, des Sabres de Buffalo, célèbre un but aux dépens du pauvre Mike Smith, qui vient de faire tomber la rondelle de ses culottes dans son propre but!

Rondelle clandestine

Le gardien de but des Coyotes de l'Arizona, Mike Smith, a souffert d'une défaillance vestimentaire lorsqu'il faisait face aux Sabres de Buffalo en 2013. Pendant la période de prolongation, la rondelle a effectué un vol plané près du but, puis a tout simplement disparu. Confus, les joueurs l'ont cherchée à gauche et à droite pendant que les commentateurs y allaient de leurs hypothèses. Malheureusement pour Mike, la rondelle avait abouti dans ses jambières, et il l'a ramenée dans son propre but, sans le savoir. Oups!

FAUT ÊTRE CULOTTÉ!

L'un des buts les plus étranges a été compté en 2012 par Alexander Wennberg, qui jouait alors dans la ligue de Suède pour une équipe nommée Djurgarden. Le joueur s'avançait vers le filet lorsque la rondelle a rebondi et a disparu dans ses culottes. Qu'a-t-il fait? Sans même y réfléchir, il s'est rendu jusque dans le filet, a remué le corps, et la rondelle est tombée dans le but! Invraisemblablement, l'arbitre a déclaré que le but était bon!

ÉTOILES SUR GLACE

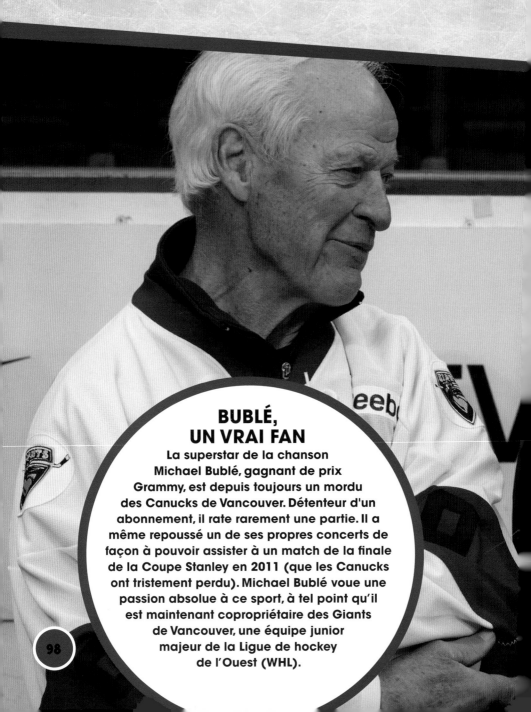

BUBLÉ,
UN VRAI FAN

La superstar de la chanson
Michael Bublé, gagnant de prix
Grammy, est depuis toujours un mordu
des Canucks de Vancouver. Détenteur d'un
abonnement, il rate rarement une partie. Il a
même repoussé un de ses propres concerts de
façon à pouvoir assister à un match de la finale
de la Coupe Stanley en 2011 (que les Canucks
ont tristement perdu). Michael Bublé voue une
passion absolue à ce sport, à tel point qu'il
est maintenant copropriétaire des Giants
de Vancouver, une équipe junior
majeur de la Ligue de hockey
de l'Ouest (WHL).

Tout le monde aime le hockey, n'est-ce pas? Bien sûr que oui! Et cela vaut aussi pour les gens riches et célèbres. De nombreuses étoiles du monde du cinéma, de la musique, du sport ou même de YouTube raffolent de l'action qui se déroule sur une patinoire. Une fois qu'on a goûté au hockey, on ne peut plus s'en passer!

Michael Bublé pose en compagnie du regretté Gordie Howe, qui était avec lui propriétaire des Giants de Vancouver.

Carell craque pour le hockey

Le comédien de Hollywood Steve Carell est depuis toujours partisan des Bruins de Boston. Il était gardien de but dans sa jeunesse et joue toujours dans une ligue à Los Angeles. Il a même sa propre fiche sur le site Elite Prospects, une base de données en ligne sur les joueurs de hockey.

UN RATÉ POUR BIEBER

Justin Bieber est un vrai passionné de hockey, et son équipe préférée est les Maple Leafs de Toronto. On l'a souvent aperçu lors de leurs matchs, soit en compagnie de son père et de son jeune frère, soit en compagnie de ses amis célèbres. Mais les partisans des Blackhawks de Chicago, eux, ne se laissent pas impressionner par Justin Bieber. En plus d'avoir été aperçu portant une casquette des Bruins de Boston avant la finale des séries éliminatoires de 2013, Justin Bieber s'est tenu debout sur le logo des Blackhawks de Chicago lorsque ceux-ci l'ont invité dans leur vestiaire pour admirer la Coupe Stanley. C'est une insulte impardonnable!

Le partisan des Maple Leafs de Toronto Justin Bieber s'amuse sur la glace, en décembre 2011.

LES ENFANTS DU HOCKEY

Les jeunes amateurs de hockey sont toujours les bienvenus autour de la patinoire. Ils viennent voir le match en espérant recevoir un câlin d'une énorme mascotte ou encore pour encourager leurs héros en criant à tue-tête. Parfois, ils restent tout simplement bouche bée devant l'immensité de l'aréna et sont hypnotisés par les écrans gigantesques. Mais les enfants réussissent toujours à mettre un sourire sur les lèvres des amateurs de hockey, même les plus endurcis.

Tyler la Terreur

Le monde entier sait comment Tyler Avolia, petit bonhomme d'à peine deux ans, a réagi lorsque son équipe a marqué un but. Quand les Penguins de Pittsburgh ont compté pendant un match des séries éliminatoires de la Coupe Stanley en 2014, Tyler a grogné de plaisir, le regard farouche, et sa réaction a été captée par les caméras. L'enregistrement est ensuite passé sur YouTube et est rapidement devenu viral. Le petit Tyler, les poings serrés et les sourcils froncés, avait toutes les apparences d'un partisan des plus convaincus. Il a fait sensation auprès des amateurs de hockey, cette année-là!

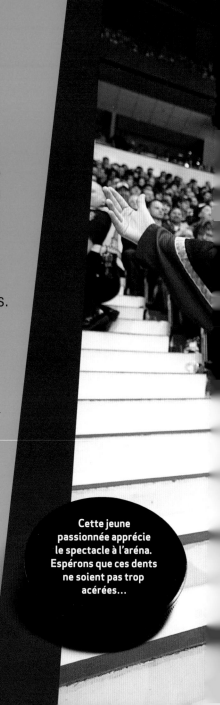

Cette jeune passionnée apprécie le spectacle à l'aréna. Espérons que ces dents ne soient pas trop acérées...

Les étoiles de demain

Il n'est jamais trop tôt pour commencer à jouer au hockey!
Les jeunes Canadiens peuvent jouer dans une ligue, qu'ils
veuillent devenir professionnels ou tout simplement s'amuser.
Par exemple, ils peuvent participer au programme des sports
mineurs Timbits pour apprendre et se faire des amis. Il arrive
même que les équipes Timbits soient invitées sur la patinoire
entre les périodes des matchs de la LNH.

PETITE ÉTOILE DEVIENDRA GRANDE

Deux des jeunes joueurs les plus en vue aujourd'hui, Connor McDavid et Auston Matthews, ont commencé leur carrière dans une ligue mineure lorsqu'ils étaient vraiment jeunes. La recrue de l'année 2017 de la LNH, Auston Matthews, a commencé à jouer à l'âge de cinq ans avec les Bobcats de l'Arizona. Connor McDavid, qui a remporté la même année les trophées Art Ross, Ted Lindsay et Hart Memorial, a débuté dans les ligues de hockey mineur à l'âge de quatre ans!

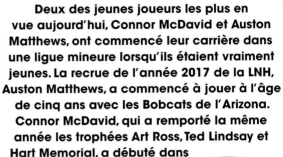

Les équipes Timbits poursuivent la rondelle entre les périodes d'un match de hockey à l'aréna Saddledome de Calgary, en 2016.

DU PLAISIR À UN CONTRE UN

Le gardien de but vétéran Bob Essensa effectue un arrêt aux dépens du joueur étoile Mark Messier lors d'un tir de pénalité à l'occasion du tournoi Classique héritage, en 2016.

Les situations à un contre un sont souvent les moments les plus intenses d'un match de hockey. Un joueur affronte seul le gardien de but, et il n'y a qu'un gagnant. Que ce soit un tir de pénalité, un tir de barrage ou encore une échappée excitante, les joueurs mettent à contribution tout leur talent et toute leur habileté pour marquer le but, ce qui requiert des nerfs d'acier!

Joueur de ballet

Lors d'un concours d'habiletés de la KHL, l'attaquant russe Nikita Gusev marque un but extraordinaire en passant la rondelle entre ses jambes. Après avoir soulevé la rondelle de la glace, Nikita effectue une pirouette digne d'un danseur de ballet et fait un tour complet sur lui-même avant de propulser la rondelle derrière le gardien Stanislav Galimov. On ne verrait probablement pas ce genre de but dans un match régulier, et c'est pourquoi il s'agit d'un but extraordinaire.

Une passe... ou un tour de passe-passe?

Au hockey, dans les situations à un contre un, toutes les feintes sont permises. Nicklas Lindberg, des Icehawks de Port Huron, faisait face aux Wings de Kalamazoo dans la Ligue de hockey de la Côte Est lorsqu'il a déjoué le gardien Joel Martin de façon remarquable. Il a transféré son bâton de la main droite à la main gauche, derrière son dos, pour ensuite frapper la rondelle dans le fond du filet. Quelle astuce!

Dan Ellis, du Lightning de Tampa Bay, ne peut que regarder la rondelle pénétrer son filet au moment où Linus Omark le déjoue d'un tir sublime.

JOUER
AVEC SA TÊTE

En 2010, Linus Omark faisait ses débuts dans la LNH avec les Oilers d'Edmonton. Son équipe affrontait le Lightning de Tampa Bay lorsqu'il a été envoyé sur la glace pour un tir de barrage à la suite de la période de prolongation. Linus, reconnu pour sa créativité dès son arrivée dans la ligue, a foncé vers le gardien et feinté un lancer frappé. Mais en fait, il a fait passer la rondelle entre les jambes du gardien Dan Ellis... Un coup bien pensé, qui a permis à son équipe de remporter la victoire!

Droit dedans!

Le jeune capitaine des Oilers d'Edmonton, Connor McDavid, a réussi un magnifique tir de pénalité contre les Flames de Calgary, leurs éternels rivaux, en 2016. Lors du tout premier match au nouvel aréna d'Edmonton, le Rogers Place, Connor a manié la rondelle de toutes les façons possibles en patinant à toute vitesse pour enfin décocher son tir et faire passer la rondelle sous le nez du gardien des Flames, Brian Elliott.

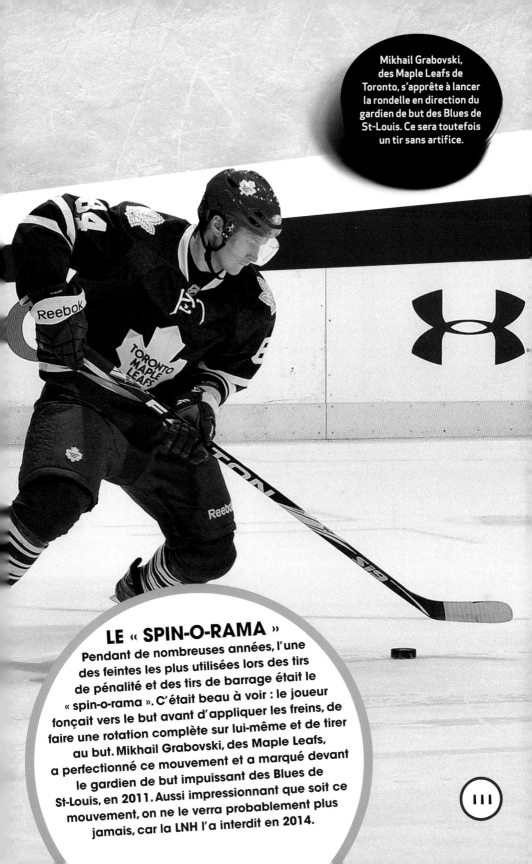

Mikhail Grabovski, des Maple Leafs de Toronto, s'apprête à lancer la rondelle en direction du gardien de but des Blues de St-Louis. Ce sera toutefois un tir sans artifice.

LE « SPIN-O-RAMA »

Pendant de nombreuses années, l'une des feintes les plus utilisées lors des tirs de pénalité et des tirs de barrage était le « spin-o-rama ». C'était beau à voir : le joueur fonçait vers le but avant d'appliquer les freins, de faire une rotation complète sur lui-même et de tirer au but. Mikhail Grabovski, des Maple Leafs, a perfectionné ce mouvement et a marqué devant le gardien de but impuissant des Blues de St-Louis, en 2011. Aussi impressionnant que soit ce mouvement, on ne le verra probablement plus jamais, car la LNH l'a interdit en 2014.

RIVAUX UN JOUR, RIVAUX TOUJOURS

Les joueurs de hockey et leurs partisans sont très compétitifs et d'une indéfectible loyauté à l'égard de leur équipe, ce qui engendre de furieuses rivalités entre les équipes. Dans les débuts de la LNH, toutes les équipes venaient du centre du Canada. Elles s'affrontaient donc fréquemment et avaient un long historique de victoires, de défaites et de rancunes durant les séries éliminatoires. Jusqu'à ce jour, les Canadiens de Montréal et les Maple Leafs de Toronto demeurent de grands adversaires. C'est ça, le hockey : quand deux équipes rivales se font face sur la glace, l'atmosphère devient vite électrique et les rancunes peuvent durer des décennies.

LA BATAILLE DE L'ALBERTA

La grande rivalité entre les Oilers d'Edmonton et les Flames de Calgary remonte aux années 1980, quand les Flames ont déménagé d'Atlanta à Calgary, se rapprochant de leurs adversaires. Les Oilers étaient à ce moment-là à l'apogée de leur sport grâce à Wayne Gretzky, mais il y avait aussi des joueurs étoiles chez les Flames. Les deux équipes ont dominé la ligue, l'une ou l'autre participant à chaque finale de la Coupe Stanley de 1983 à 1990. Les Oilers ont remporté la Coupe cinq fois, et les Flames, une seule fois. Les deux équipes n'ont pas connu beaucoup de succès ces dernières années, mais, pour les amateurs comme pour les joueurs, la « bataille de l'Alberta » reste l'une des pages les plus remarquables de l'histoire du hockey.

La Bataille de l'Alberta est toujours aussi intense aujourd'hui. Lors de cette rencontre datant de 2016, on assiste à une énorme mêlée devant le filet.

Les Canadiens contre les Maple Leafs

La rivalité entre les Canadiens de Montréal et les Maple Leafs de Toronto est la plus vieille parmi celles de la LNH. Les deux équipes ont d'innombrables partisans. De 1938 à 1970, elles étaient les deux seules équipes canadiennes de la ligue, et les amateurs de hockey du pays devaient adopter l'une ou l'autre. Cette rivalité reflète d'ailleurs la compétition entre les deux villes : Montréal, ville francophone et Toronto, métropole anglophone. Pendant des décennies, ces deux équipes ont dominé la LNH. Les Canadiens ont remporté 24 fois la Coupe Stanley, et les Maple Leafs, 11 fois, mais aucune des deux équipes ne l'a remportée depuis les années 1990.

HOCKEY ET VOISINAGE NE FONT PAS BON MÉNAGE

La rivalité entre les équipes féminines de hockey américaine et canadienne est toute aussi intense que les rivalités dans la LNH, voire encore plus furieuse. Dans la LNH, les équipes ont au moins la possibilité de se défouler fréquemment contre leurs adversaires. Mais les équipes féminines, quant à elles, ne se croisent qu'à l'occasion des Championnats du monde ou des Jeux olympiques, ce qui fait monter la tension. Lors de ces compétitions, les équipes du Canada et des États-Unis se sont toujours affrontées en finale depuis leurs débuts. Le Canada domine aux Jeux olympiques avec quatre médailles d'or, les États-Unis ayant gagné l'or à deux reprises. Aux Championnats du monde, le Canada a remporté un peu plus de victoires que les États-Unis. Les matchs de hockey sont toujours passionnants lorsque ces deux équipes s'affrontent!

Monique Lamoureux et Jenny Potter, des États-Unis, s'en prennent à Rebecca Johnston d'Équipe Canada lors de la finale de hockey des Jeux olympiques d'hiver de 2010.

LES ENTRAÎNEURS AU SOMMET

Un entraîneur doué peut faire la différence entre une bonne équipe et une excellente équipe. L'entraîneur est le cœur de toute l'équipe, car il assure la collaboration entre les joueurs et le personnel. Pour être en mesure de diriger, d'encourager les jeunes talents et de discipliner les étoiles et les égos, les entraîneurs doivent eux-mêmes avoir une forte personnalité. Pour un entraîneur, la seule chose qui compte, c'est la victoire. À ce chapitre, Scotty Bowman est le plus grand de tous : il a remporté 1 244 matchs en saison régulière et raflé neuf fois la Coupe Stanley pendant une carrière de 30 saisons.

Le seul et unique, Don Cherry

Don Cherry est aujourd'hui un commentateur de hockey reconnu. Ses habits extravagants et son franc-parler l'ont rendu célèbre, mais auparavant, il était entraîneur. Il a remporté 250 matchs en saison régulière et 31 matchs en séries éliminatoires aux commandes des Bruins de Boston et des Rockies du Colorado. Il a mené les Bruins à la finale de la Coupe Stanley à deux reprises, sans jamais toutefois parvenir à soulever la Coupe.

Il est plutôt facile de reconnaître Don Cherry dans une foule! Le voici dans toute son élégance, commentant un match de la finale de la Coupe Stanley, en 2009.

Drôle de Cooper

L'entraîneur du Lightning de Tampa Bay, Jon Cooper, s'est rendu célèbre par sa façon colorée de s'exprimer pendant les conférences de presse et les entrevues d'après match. À la suite d'une défaite de 5 à 0 de son équipe contre les Bruins de Boston, il a déclaré : « La seule chose qui s'est bien déroulée aujourd'hui, c'est l'hymne national. » Et après avoir remporté une victoire de justesse contre les Sabres de Buffalo, il a dit : « Quand nous sommes partis du vestiaire, je m'attendais à ce que la police soit là. Elle aurait dû nous arrêter pour vol! Nous avons volé deux points! »

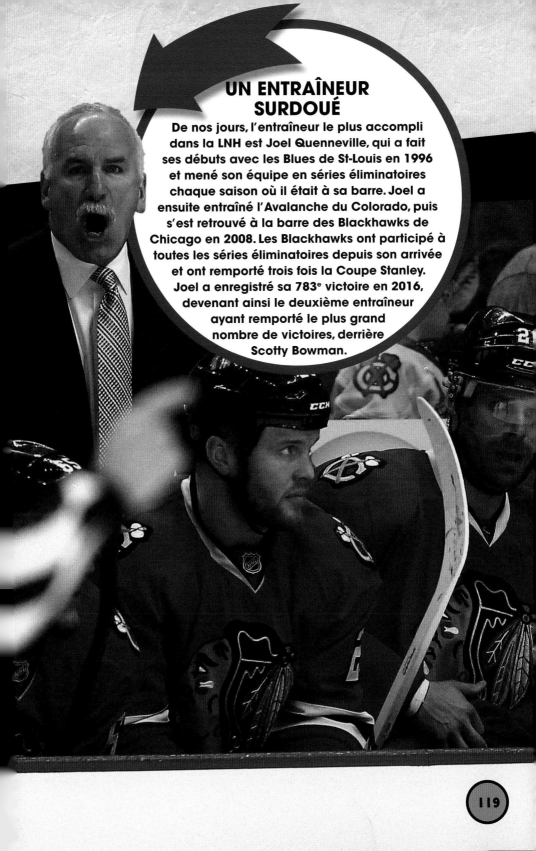

UN ENTRAÎNEUR SURDOUÉ

De nos jours, l'entraîneur le plus accompli dans la LNH est Joel Quenneville, qui a fait ses débuts avec les Blues de St-Louis en 1996 et mené son équipe en séries éliminatoires chaque saison où il était à sa barre. Joel a ensuite entraîné l'Avalanche du Colorado, puis s'est retrouvé à la barre des Blackhawks de Chicago en 2008. Les Blackhawks ont participé à toutes les séries éliminatoires depuis son arrivée et ont remporté trois fois la Coupe Stanley. Joel a enregistré sa 783e victoire en 2016, devenant ainsi le deuxième entraîneur ayant remporté le plus grand nombre de victoires, derrière Scotty Bowman.

INFAILLIBLES... OU PRESQUE

Quand les arbitres se trompent et prennent une mauvaise décision, ils s'attirent automatiquement les huées de la foule! Rien n'est plus frustrant pour les amateurs comme pour les joueurs que de perdre en raison d'une mauvaise décision de l'arbitre. Dans certaines situations, la technologie peut venir en aide en permettant de revoir un jeu sous tous les angles et au ralenti, mais les arbitres demeurent au cœur de l'action sur la glace. Les partisans ne peuvent qu'espérer que l'arbitre prenne de bonnes décisions quand leur équipe se retrouve sur la patinoire.

Le bâton élevé de Gretzky

Une des pires décisions dans l'histoire du hockey explique sans doute pourquoi les partisans des Maple Leafs de Toronto ne supportent pas Wayne Gretzky. En 1993, c'était l'égalité 4 à 4 en prolongation entre les Maple Leafs et les Kings de Los Angeles lors du sixième match de la finale d'Association de la Coupe Stanley. Si les Leafs l'avaient emporté, ils auraient atteint la finale pour la première fois en 25 ans. Wayne a décoché un tir en élevant son bâton très haut, coupant au passage le menton de Doug Gilmour. Wayne aurait dû écoper d'une pénalité, mais l'arbitre Kerry Fraser n'a pas vu l'infraction. Il n'a donc pas imposé de pénalité aux Kings... et la Coupe Stanley a une fois de plus échappé aux Leafs. Cet incident s'est passé il y a très longtemps, mais les partisans des Leafs ne l'ont toujours pas digéré.

Les partisans des Maple Leafs devraient probablement détourner le regard pour un instant : Wayne Gretzky célèbre son tour du chapeau lors de ce fameux match.

Dur, dur d'être un arbitre

Les joueurs de hockey sont des athlètes rapides et dangereux, et les arbitres et juges de ligne sont régulièrement pris dans le feu de l'action. Ils peuvent parfois recevoir des coups de bâton, croiser la trajectoire d'une rondelle en vol ou se retrouver coincés entre deux joueurs qui « discutent » d'un désaccord. Tous les arbitres sont agiles et rapides comme l'éclair sur leurs patins, mais les collisions sont parfois inévitables. Comme quoi les joueurs ne sont pas les seuls à s'allonger sur la glace!

L'arbitre Don Henderson s'étale sur la glace après s'être fait bousculer par Ryan Smyth des Oilers d'Edmonton lors d'un match contre les Ducks d'Anaheim, en 2013.

ON EST BIEN MIEUX CHEZ SOI

En 2002, les Jeux olympiques d'hiver se déroulaient à Salt Lake City, et l'équipe féminine américaine était convaincue de battre facilement leurs rivales venues du nord. Comme elles avaient gagné la médaille d'or quatre ans plus tôt, à l'occasion de la toute première finale olympique de hockey féminin, les Américaines se disaient qu'elles n'avaient rien à craindre à domicile. Toutefois, à la surprise générale, c'est une Américaine, Stacey Livingston, qui a été chargée d'arbitrer le match. Les Canadiennes ont crié à l'injustice! Résultat : Livingston a imposé pas moins de 13 pénalités aux Canadiennes. Tout cela avait l'apparence d'un coup monté. Malgré ces obstacles, l'équipe canadienne a battu les Américaines 3 à 2 et remporté sa première médaille d'or olympique.

LES MEILLEURS SURNOMS

Henri et Maurice Richard lacent leurs patins. Leur jeune frère, Claude Richard, était surnommé « le Rocket de pochette ».

Tant qu'il y aura des hockeyeurs, les joueurs se donneront des surnoms les uns les autres. Voici une liste des meilleurs d'entre eux :

BERNARD « BOUM-BOUM » GEOFFRION
Il a popularisé le lancer frappé.

GORDIE HOWE, « M. HOCKEY »
Il a consacré sa vie au hockey.

MARIO TREMBLAY, « LE BLEUET »
Il vient du Saguenay-Lac St-Jean, pays des bleuets!

GUY LAFLEUR, « LE DÉMON BLOND »
Il était très malin et avait les cheveux blonds!

MICHEL BERGERON, « LE TIGRE »
Il rugissait comme un vrai fauve!

PATRICK ROY, « SAINT-PATRICK »
Il faisait des arrêts miraculeux!

JACQUES PLANTE, « PATATE »
À cause de son nez, peut-être?

MARIO LEMIEUX, « LE MAGNIFIQUE »
C'était fascinant de le regarder jouer!

LES CANADIENS, « LES GLORIEUX »
Ils ont remporté la Coupe Stanley à 24 reprises!

MAURICE RICHARD, « LE ROCKET » (à droite)

et son jeune frère

HENRI, « LE ROCKET DE POCHE » (à gauche)

INDEX

RÉFÉRENCES PHOTOGRAPHIQUES

Les éditeurs tiennent à remercier les sources suivantes de leur avoir permis de reproduire les photographies de ce livre.

Alamy : /Gunter Marx : 86-87

Photo de Boston Record American par Ray Lussier : 16-17

Gracieuseté de CCM Hockey : 90-91

Getty Images : 28-29; /Graig Abel/NHLI : 110-111; /Luis Acosta/AFP : 68-69; /Justin K Aller : 70-71; /Claus Andersen : 32-33; /Bruce Bennett : 1, 22-23, 24-25, 64-65, 79, 88-89, 92-93, 95; /Bettmann : 124-125; /Vladimir Bezzubov/KHL Photo Agency : 50-51; /Frederick Breedon : 41; /Fabrice Coffrini/AFP : 30-31; /Jonathan Daniel : 42-43, 118-119; /Andy Devlin/NHLI : 20-21, 108-109; /Melchior DiGiacomo : 10-11; /Focus on Sport : 13; /Gregg Forwerck/NHLI : 82-83; /Leon Halip : 46-47; /Kevin Hoffman : 18-19; /Harry How : 113; /David E Klutho/Sports Illustrated : 120-121; /Robert Laberge : 14-15 HA, 58-59; /Jim McIsaac : 48-49, 117; /Juan Ocampo/ NHLI : 5 BA, 36-37; /Aaron Ontiveroz/The Denver Post : 72; /Minas Panagiotakis : 30 GA, 114-115; /Doug Pensinger : 12, 14-15 BA; /George Pimentel/WireImage : 100-101; /Dave Reginek/NHLI : 38-39; /Vaughn Ridley : 3, 60-61; /Debora Robinson/NHLI : 122-123; /Sean Rudyk/NHLI : 96-97; /John Russell/NHLI : 44-45; /Dave Sandford/ NHLI : 5 HA GA, 8-9, 52-53, 62-63, 106-107; /Eliot J Schechter/NHLI : 5 HA DR, 34-35; /Gregory Shamus/NHLI : 26-27; /George Silk/The LIFE Picture Collection : 55; /Don Smith/NHLI : 40, 74-75; /Gerry Thomas/NHLI : 104-105; /Transcendental Graphics : 80-81; /Jeff Vinnick/NHLI : 6-7, 56-57, 84-85, 102-110

PA Images : /Darryl Dyck/The Canadian Press : 98-99

Shutterstock : /REX Features/Mark Stehle/Invasion/AP : 76-77

Photographies de la couverture : Getty Images pour la totalité. Couverture : (affrontement entre Mikael Granlund et Brooks Orpik) Patrick Smith; (mascottes des Coyotes et des Canucks) Dave Sandford; (admirateur des Bruins de Boston) Jim Davis/The Boston Globe; (Scott Wedgewood) Rick Madonna/Toronto Star. Quatrième de couverture : (Wayne Gretzky) Bruce Bennett; (joueurs Timbits) Gerry Thomas; (banc des Otters d'Érié) Vaughn Ridley.

Nous avons fait de notre mieux pour nommer correctement les sources et les détenteurs des droits d'auteur; l'éditeur s'excuse pour toute erreur ou omission involontaire qu'il aurait pu commettre et qu'il corrigera dans les éditions futures, le cas échéant.

ZAMBONI et la configuration de la surfaceuse ZAMBONI® sont enregistrées à titre de marques de commerce de Frank J. Zamboni & Co., Inc.